0～5歳児の劇あそび

むかしばなしで発表会

アクトリズム　オペレッタ

河合礼子／著

Gakken

CONTENTS

CD収録曲リスト

巻末のCDに、以下の曲が収録されています。
曲名の上にある数字はトラックナンバーです。

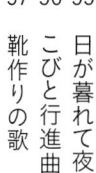

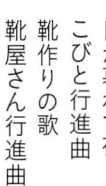

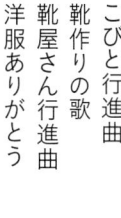

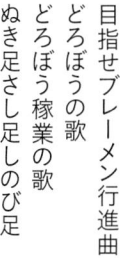

はじめに

発表会では、表現する姿を通して、子どもたちの成長を保護者のかたとともに喜べるといいですね。発表のために無理な練習をするのではなく、発達を踏まえて、子どものありのままの姿や普段の取り組みの様子、そして大きくなるに従って、難しいことにも挑戦してがんばる姿やみんなで力を合わせる姿なども伝えたいものです。

保護者がご覧になることを考えると、つい「見ばえ」を気にしてしまうことがあるかもしれませんが、特に0，1歳児は、ステージに出て立っていたり、よちよち歩いたり、返事をしたりするだけでもかわいらしく、すばらしい成長です。ナレーションや音楽を子どもの動きに合わせるように構成すれば、立派な発表会の演目になります。

この本では、主に0～2歳児を対象に、音楽に合わせて動く「アクトリズム」を、3～5歳児を対象に、「オペレッタ」を紹介しています。見る側にはストーリーになじみがある昔話がベースになっていますので、子どもの姿に集中して見ることができるでしょう。

シナリオはあくまで基本の形。人数を増やしたり、せりふやナレーションを替えたりと、目の前の子どもの姿に合わせて、この本を活用していただけたらと思います。

河合礼子

PART 1

アクトリズム編

0・1・2・3歳児向き

「アクトリズム」とは、簡単な曲に合わせ、何かになりきって、元気いっぱいリズムに合わせて動く（ACT）身体表現の造語です（著者による）。保育者のナレーションやピアノ演奏、歌によって展開するストーリーに合わせて子どもが自由に動くので、特に小さい子には負担が少なく演じられるでしょう。ダンスやおゆうぎのように、練習する必要はありません。昔話のストーリーに沿っているので、見ている保護者にもわかりやすく、子どもの成長を感じられることでしょう。

0~1
歳児向き

ウシとカエル

好奇心おう盛な子ガエルたち。池の外で見た大きなウシを、一生懸命お父さんガエルに説明しようとしますが、なかなか伝わりません。

登場人物と衣装

●子ガエル（子ども全員）

前かけ（緑）

●父ガエル（保育者）

チュニックのような
ゆったりした服

〈前かけ〉

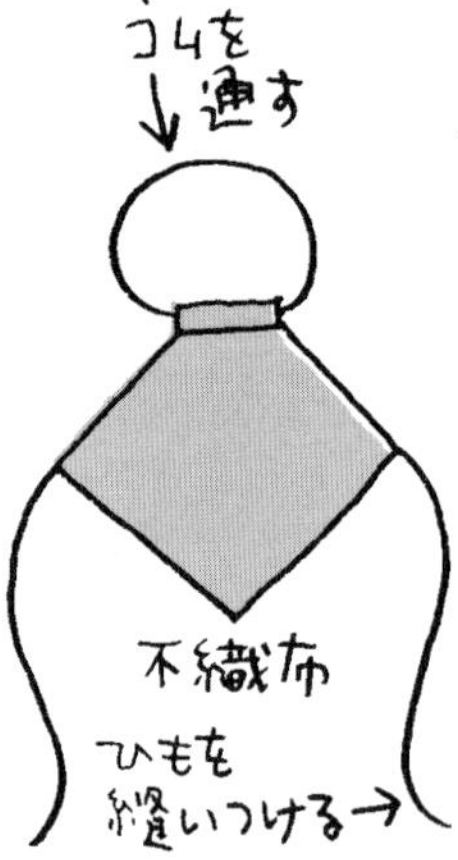

ゴムを通す
不織布
ひもを
縫いつける

●ナレーター（保育者）

●ピアノ担当（保育者）

小道具

●父ガエルのおなかの詰め物

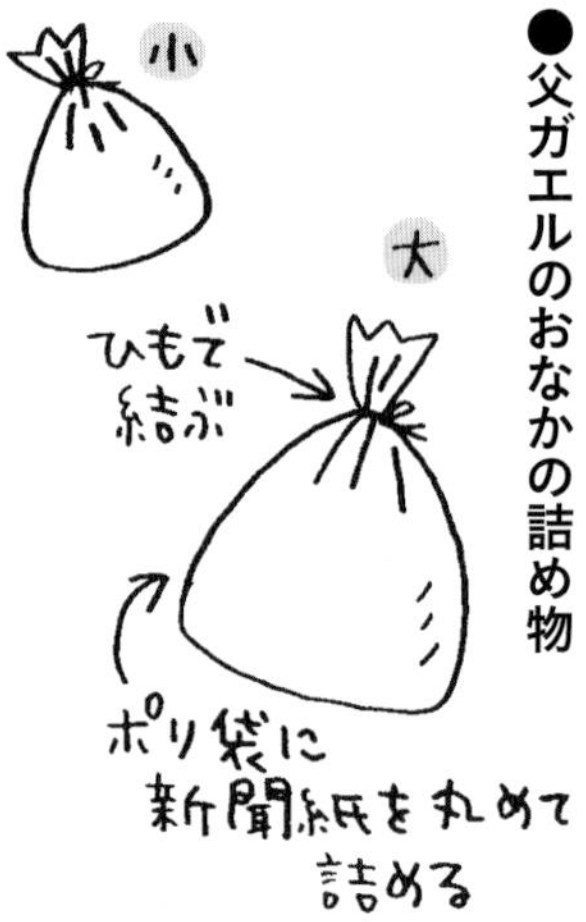

小
大
ひもで
結ぶ
ポリ袋に
新聞紙を丸めて
詰める

●草

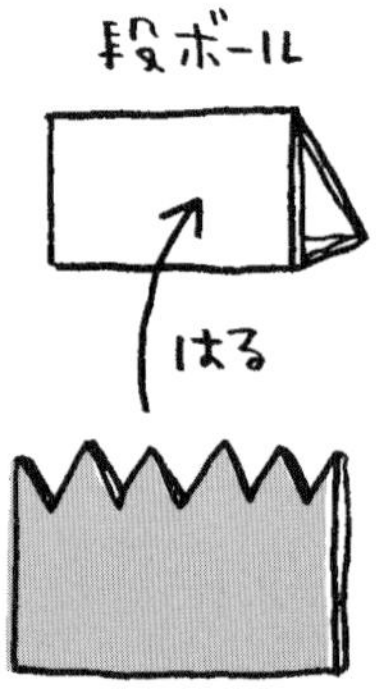

段ボール
はる

●背景（ウシ）

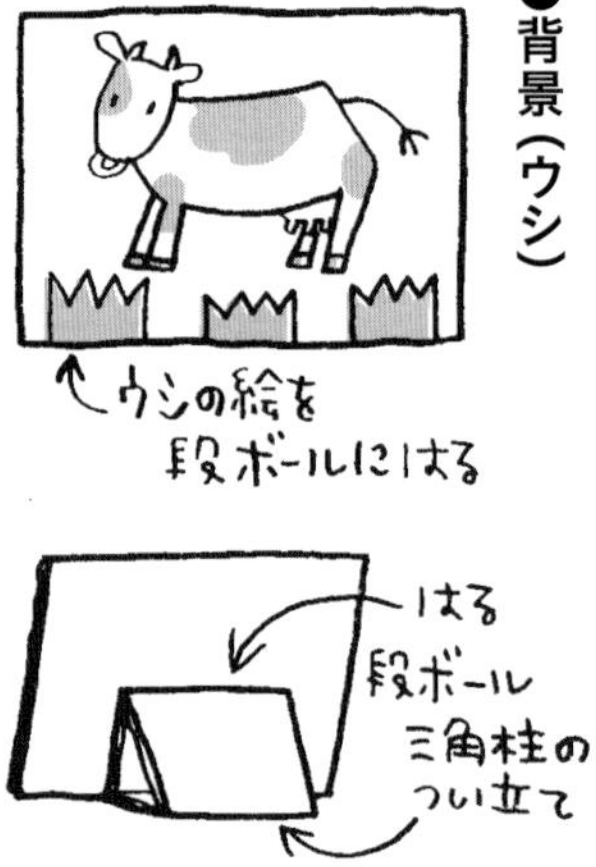

ウシの絵を
段ボールにはる
はる
段ボール
三角柱の
つい立て

舞台設定

背景のウシ、草、いす、父ガエルのおなかの詰め物をセットし、転落防止用にステージ最前列に草を置く。

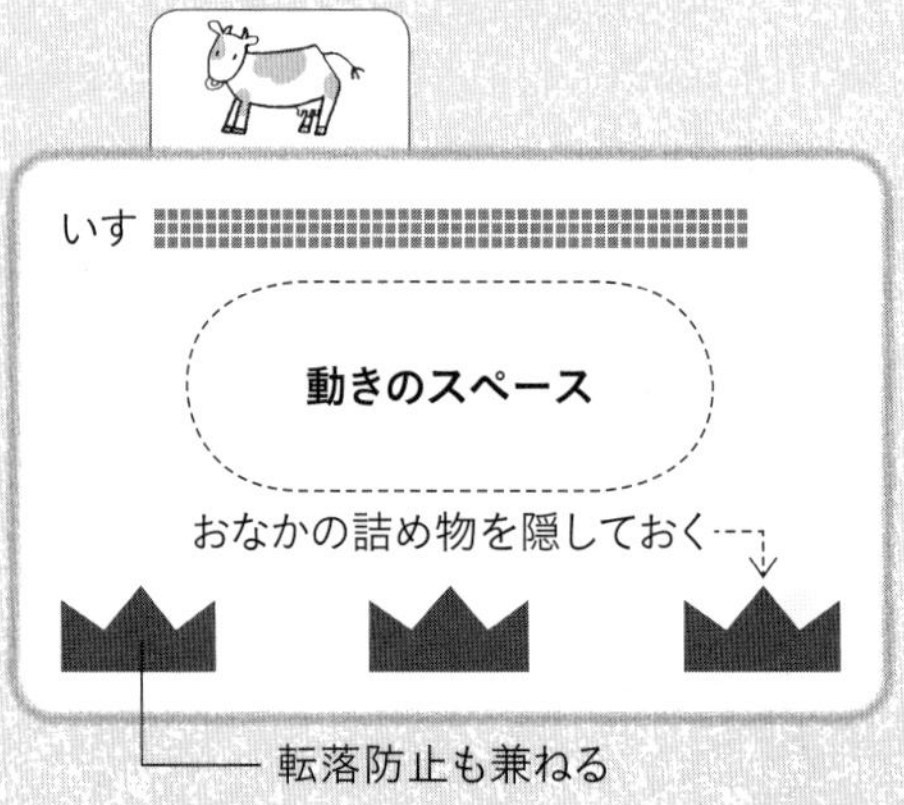

いす
動きのスペース
おなかの詰め物を隠しておく
転落防止も兼ねる

楽譜は10ページにあります。

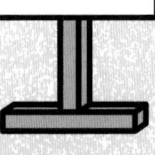

発表のしかた

——子ガエルたち、いすに座っている。

ナレーター　広い草むらのそばに、大きな池がありました。そこには、カエルのお父さんと子どもたちがすんでいました。ある日のこと、お父さんガエルが用事で出かけることになりました。

——お父さんガエル、登場。

父ガエル　いいかい、池の外は危ないよ。決して池から出てはいけないよ。

ナレーター　お父さんガエルに言われて、子ガエルたちは元気にお返事しました。子ガエルたちは、おててを挙げます。「ハーイ」。

——子ガエルたち、手を高く挙げる。

ナレーター　まだ生まれたばかりの小さいカエルもいますよ。

*おすわりできないあかちゃんがいる場合。

——保育者に抱っこされて、あかちゃんが登場。

ナレーター　おねむのカエルちゃんは、水草のおふとんでお休みです。

——保育者に抱っこされて、あかちゃんが退場。

——ウシの背景画を出す。

ナレーター　お父さんガエルと約束した子ガエルたちでしたが、お父さんが出かけてしまうと、ゲコゲコ、ピョンピョン、あそびに出かけてしまいましたよ。そこで、なんとびっくり、大きなウシに出合いました。

——付き添いの保育者、「ゲコケロピョンの歌」を歌う。
（子どもも一緒に歌ってもよい。）

付き添いの保育者　♪ゲーコゲーコ　ピョンピョンピョン
ケーロケーロ　ピョンピョンピョン
あちこち　ピョンピョンピョン
カエルのおさんぽ　ピョンピョンピョン
♪ゲーコゲーコ　ピョンピョンピョン

ケーロケーロ　ピョンピョンピョン
おおきな　ウシに
であってビックリ　ピョンピョンピョン

――子ガエルたち、「ゲコケロピョンの歌」に合わせ、いすに座った状態でリズムに乗って手足をばたばたさせたり、自由にはいはいしたり歩いたりする。曲が終わったらいすに戻って座る。

――ウシの背景画をしまう。

ナレーター●**お父さんガエルが帰ってきましたよ。**

――父ガエル、登場。

父ガエル●**ただいまー。お留守番、ちゃんとできたかな？**

ナレーター●**子ガエルたちは、池の外へ飛び出してあそんでいるときに大きなウシを初めて見ました。そして、お父さんガエルに、その大きさを一生懸命説明しようとしました。**

――父ガエル、後ろを向いて、おなかに詰め物を入れる。

父ガエル●**このくらいかい？　フーフーフー。**

ナレーター●**どうでしょう。ウシの大きさはこのくらいでしたか？**

付き添いの保育者●**♪イヤイヤイヤイヤ　イヤちがう**
イヤイヤイヤイヤ　イヤちがう

――付き添いの保育者、「イヤ 違う」を歌う。（子どもも一緒に歌ってもよい。）

――子ガエルたち、「イヤ 違う」に合わせ、いすに座ったまま、首を振っていやいやをしたり、手をバイバイのように振ったりする。

――父ガエル、おなかにさらに大きな詰め物を入れる。

父ガエル●**もっと大きいんだね。このくらいかい？　フーフーフー。**

付き添いの保育者●**♪イヤイヤイヤイヤ　イヤちがう**
イヤイヤイヤイヤ　イヤちがう

――付き添いの保育者、「イヤ 違う」を歌う。（子どもも一緒に歌ってもよい。）

――子ガエルたち、「イヤ 違う」に合わせ、いすに座ったまま、首を振っていやいやをしたり、手をバイバイのように振ったりする。

——父ガエル、退場。

ナレーター・**ぱちん！と大きな音がしました。無理して膨らましすぎたお父さんガエルのおなかははじけて、ぺちゃんこになってしまいました。**

——父ガエル、詰め物を抜いて登場。

ナレーター・**はじけた音で、おねむの小さいカエルちゃんも目を覚ましたようです。**

——保育者に抱っこされて、あかちゃんが登場。

＊おすわりできないあかちゃんがいる場合。

ナレーター・**これで○○組の発表を終わります。**

（おしまい）

「ウシとカエル」楽譜集

ゲコケロピョンの歌

［トラックナンバー 1］

イヤ 違う

［トラックナンバー 2］

COLUMN ❶

「付き添いのポイント」

小さい子が演じる場合、保育者は一緒に舞台に出て、子どもに付き添うことが多いと思います。

その場合、

1 大勢の前でも子どもが落ち着けるようにそばにいますが、演じるじゃまにならないように、座っていれば両脇に、立っていればちょっと下がって見守るようにしましょう。

2 2歳児の後半くらいになると、そのときの子どもたちの状態によっては、保育者は舞台そでにそっと引っ込むほうがいい場合もあります。

0~1
歳児向き

ウサギとカメ

ウサギさんとカメさん、走るのが速いのはどっちかな？ 決着をつけるために、かけっこ競争するようです。さて、結果は？

登場人物と衣装

●ウサギ（クラスの半数）

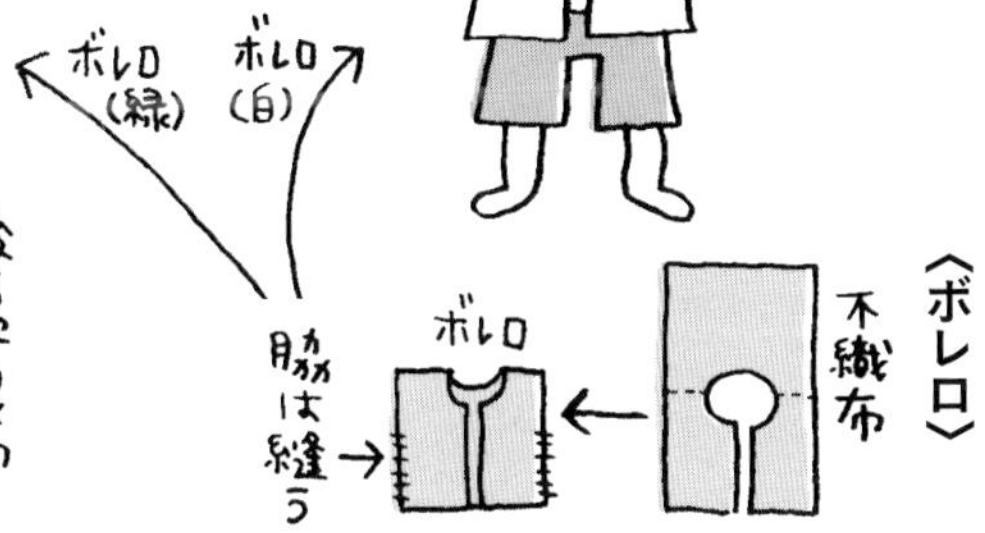

●カメ（クラスの半数）

●ナレーター（保育者）

●ピアノ担当（保育者）

小道具

●いす（人数分）

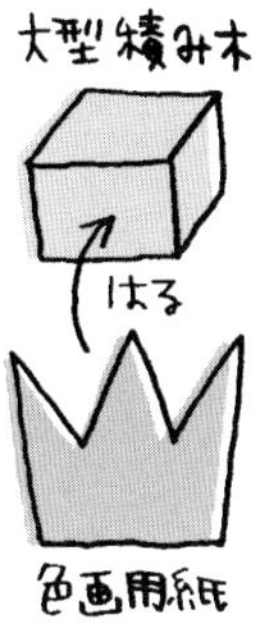

●草

●背景（花畑と山）

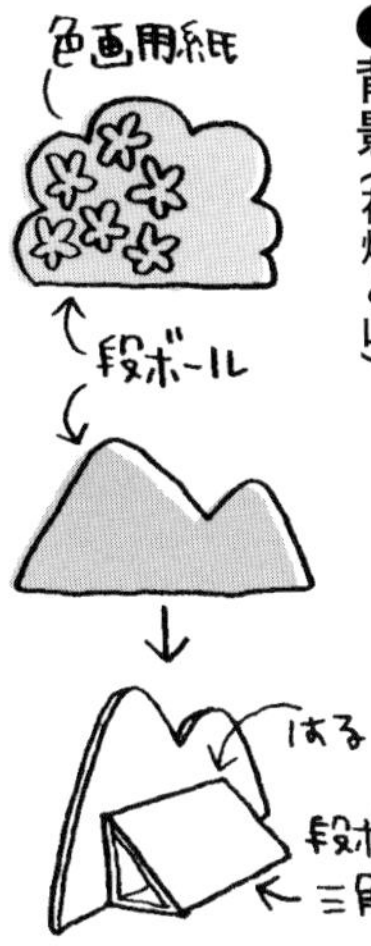

●1等賞と2等賞の旗（それぞれ人数分）

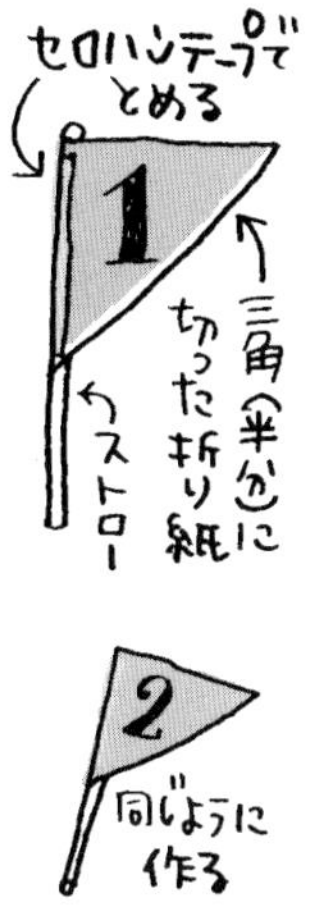

舞台設定

背景の山と花畑、いすをセットし、転落防止用にステージ最前列に草を置く。

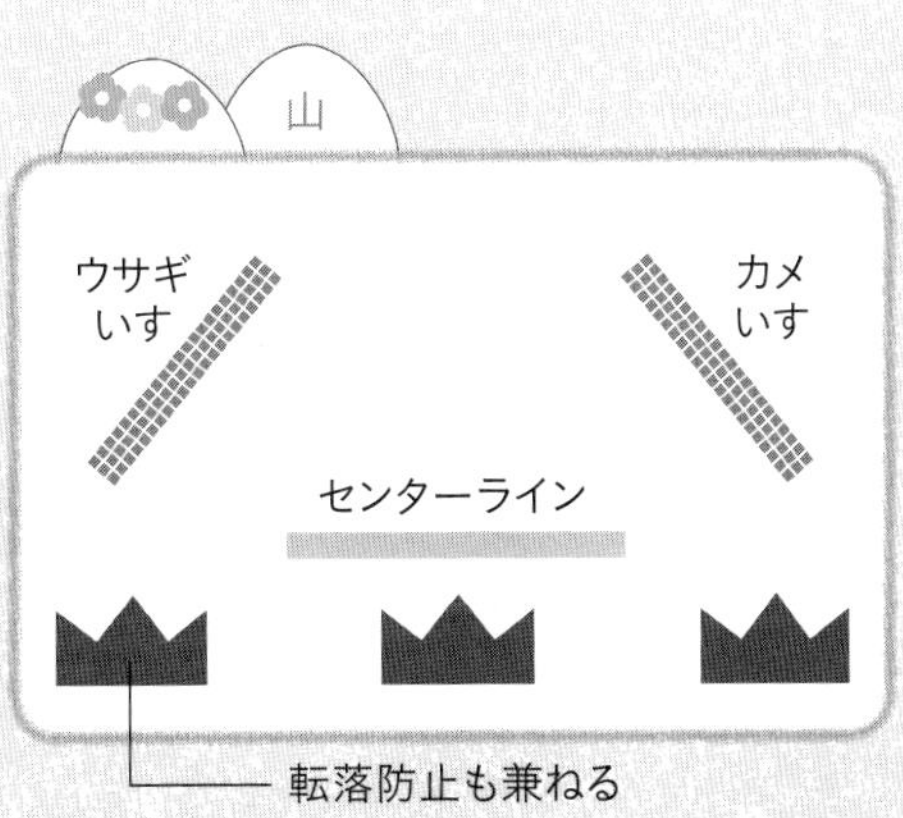

楽譜は14～15ページにあります。

発表のしかた

——全員、所定のいすに座っている。

——付き添いの保育者、「かけっこ競争ヨーイドン」一番を歌う。（子どもも一緒に歌ってもよい。）

付き添いの保育者　**♪ウサギさんと　カメさんが**
かけっこ　きょうそう　ヨーイドン
どちらが　はやく　ゴールイン
ピョンピョン　ノコノコ　はしります

ナレーター　**ウサギさんとカメさんは、かけっこが速いのは自分だとお互い譲らず、それではかけっこ競争をしようということになりました。**
「ヨーイドン」で、初めに飛び出したのはウサギさん。その速いこと、速いこと。

——ウサギたち、立って一列に並ぶ。「ウサギがピョンピョン」に合わせ、両足とびで舞台を一周。いすに座る。

ナレーター　**ウサギさんは速いね。後から来るのはカメさんです。ノコノコノコノコがんばって走っていますよ。**

——カメたち、立って一列に並ぶ。「カメがノコノコ」に合わせ、四つんばいになって舞台を一周。いすに座る。

ナレーター　**カメさんも一生懸命です。おやっ、またウサギさんです。**

——ウサギたち、立って一列に並ぶ。「ウサギがピョンピョン」に合わせ、両足とびで舞台を一周。いすに座る。

ナレーター　**あらまあ、ウサギさんたら、お昼寝なんかしていますよ。**

——ウサギたち、いすに座ったままで眠るまね。

——付き添いの保育者、「ねんころり」を歌う。（子どもも一緒に歌ってもよい。）

付き添いの保育者　**♪ねんころり　ねんころり　おやすみなさい**
ねんころり　ねんころり　ステキなゆめを

ナレーター　**お昼寝しているウサギさんを、カメさんは追い越していきましたよ。**

──カメたち、立って１列に並ぶ。「カメがノコノコ」に合わせ、四つんばいで舞台を１周。センターラインに並んで、体操座り。

ナレーター・**カメさんが先にゴールインしました。１等賞です。**
では、１等賞の旗をあげましょう。

──カメたち、１人１本ずつ旗をもらって思い思いに振る。

ナレーター・**ウサギさん、まだ寝ていますね。起こしてあげましょう。**

──付き添いの保育者、「おきよう」を歌う。最後の「ハーイ」はウサギが歌う。

付き添いの保育者・**♪おきよう　おきよう　おねぼうさんの　ウサギさん**

ウサギたち・**♪ハーイ**

ナレーター・**やっと起きてくれました。ウサギさん、お昼寝してしまったので、２等賞ですよ。**
ウサギさんもカメさんの後ろに並びましょう。２等賞の旗をあげましょう。

──付き添いの保育者、「かけっこ競争ヨーイドン」２番を歌う。（子どもも一緒に歌ってもよい。）

全員・**♪とちゅう　おひるね　ウサギさん**
やすまず　カメさん　はしったら
ウサギさんを　ぬかしたよ
やったね　カメさん　いっとうしょう

全員・**これで○○組の発表を終わります。**

（おしまい）

「ウサギとカメ」楽譜集

かけっこ競争ヨーイドン

［トラックナンバー 3］

ウサギがピョンピョン

［トラックナンバー 4］

カメがノコノコ

[トラックナンバー 5]

ねんころり

[トラックナンバー 6]

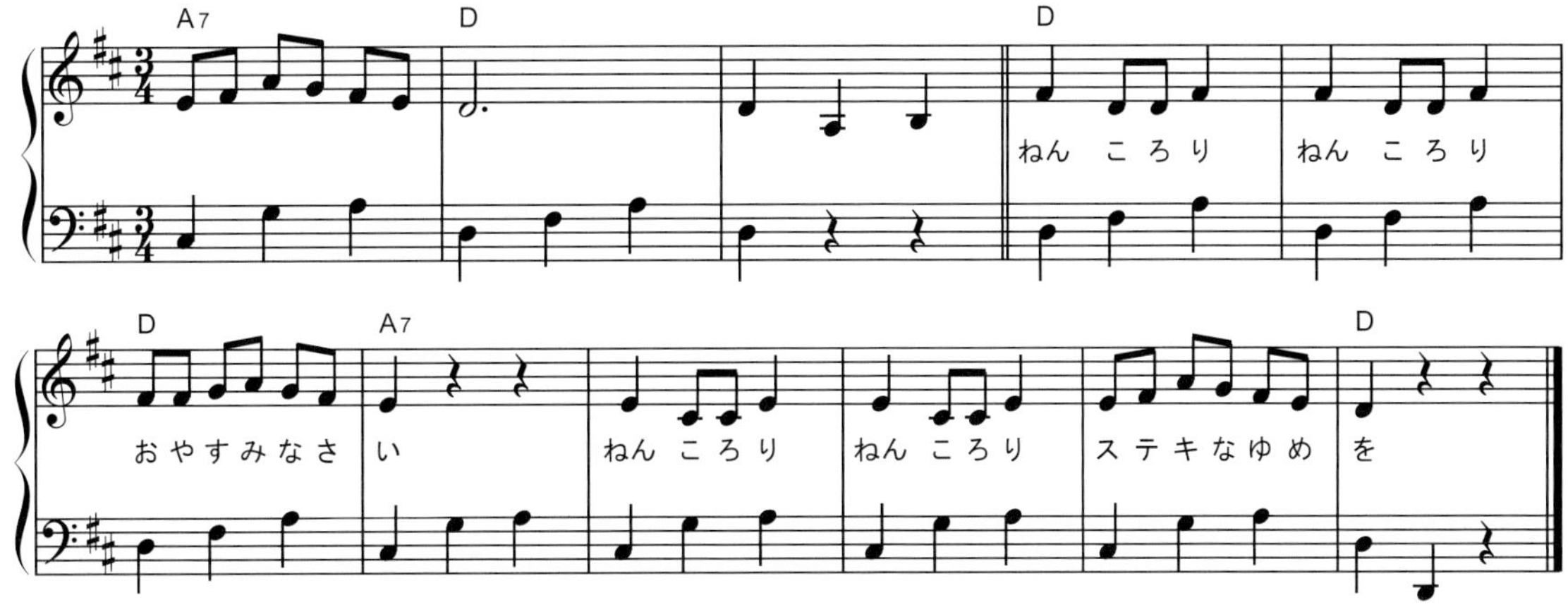

おきよう

[トラックナンバー 7]

1~2
歳児向き

大きなカブ

おじいさんがまいたカブの種。大きなカブになりました。ちっとも抜けないので、おばあさん、孫娘、イヌ、ネコ、ネズミの力を借りて、引っ張ります。

登場人物と衣装

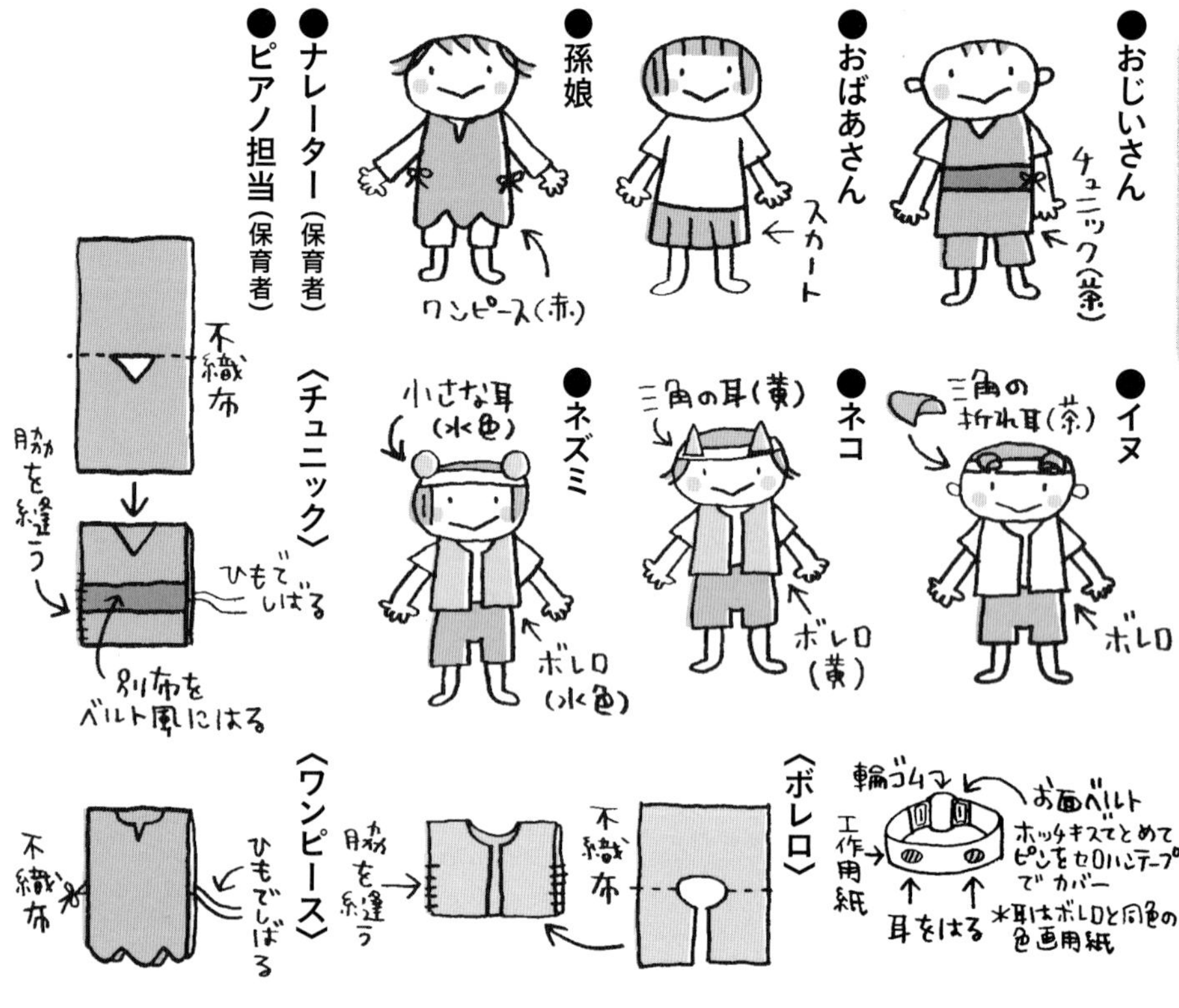

＊配役は、それぞれ同じくらいの人数にしましょう。

小道具

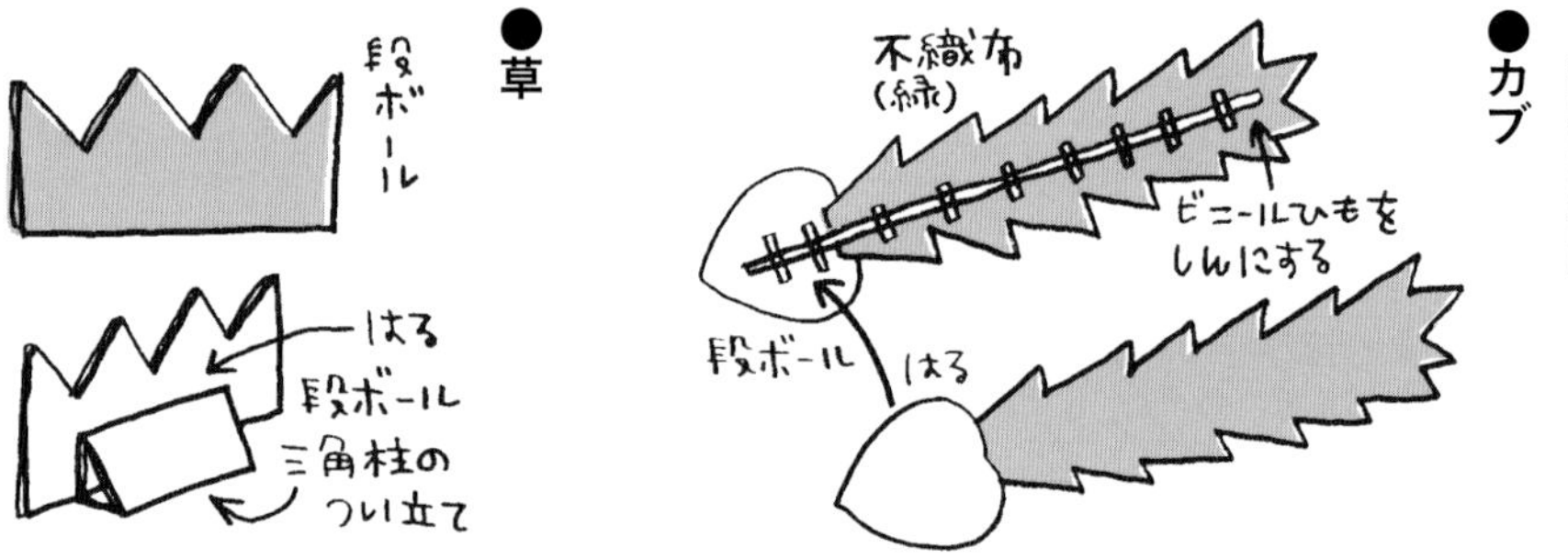

舞台設定

カブ(舞台脇)と草をセットし、転落防止用に、ステージ最前列に草を置く。(年齢が小さい場合は、いすを用意する。)

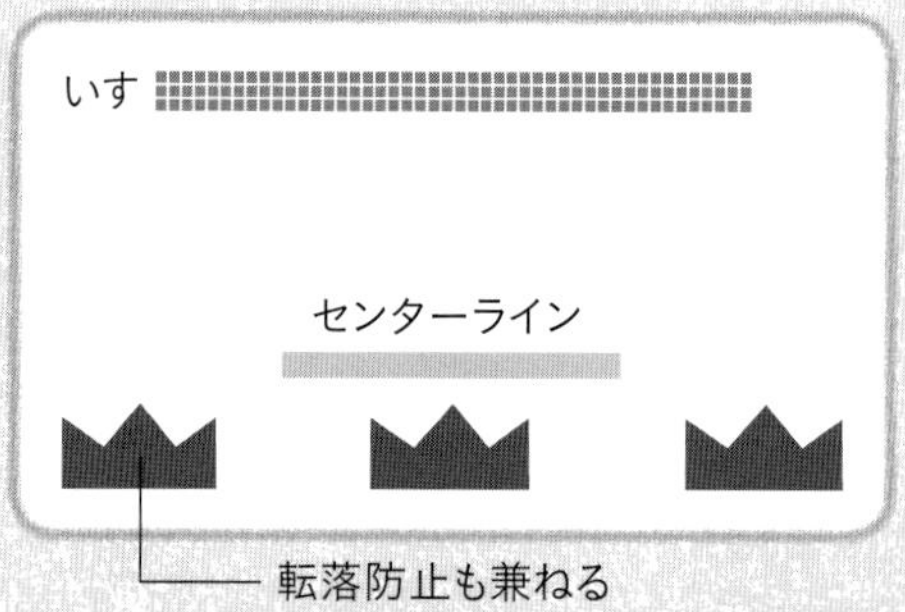

楽譜は19〜20ページにあります。

発表のしかた

――おじいさん、初めから舞台に出ている。

ナレーター　**おじいさんがまいたカブの種。毎日おひさまの光を浴びて、それは甘そうなとても大きなカブになりました。おじいさんは、カブを抜こうと引っ張りました。**

――付き添いの保育者、「抜いてみよう」を歌う。（子どもも一緒に歌ってもよい。）

付き添いの保育者　**♪よいしょ　よいしょ　ぬいてみよう　おおきな　カブ**
よいこらしょ　どっこいしょ　やれこらしょ　まだぬけない

――おじいさん、はっぱを持って、「抜いてみよう」に合わせ、左右にゆれる。

ナレーター　**おじいさんだけでは、カブは抜けません。そこで、おじいさんはおばあさんを呼びました。おばあさんも手伝いますよ。**

――おばあさん、「おばあさん行進曲」に合わせてゆっくり登場し、はっぱを持つ。

――付き添いの保育者、「抜いてみよう」を歌う。（子どもも一緒に歌ってもよい。）

付き添いの保育者　**♪よいしょ　よいしょ　ぬいてみよう　おおきな　カブ**
よいこらしょ　どっこいしょ　やれこらしょ　まだぬけない

――おじいさん、おばあさん、「抜いてみよう」に合わせ、左右に揺れる。

ナレーター　**おじいさんとおばあさんだけではカブは抜けません。そこで、孫娘を呼ぶことにしました。孫娘も手伝いますよ。**

――孫娘、「孫娘行進曲」に合わせて元気よく登場し、はっぱを持つ。

――付き添いの保育者、「抜いてみよう」を歌う。（子どもも一緒に歌ってもよい。）

付き添いの保育者　**♪よいしょ　よいしょ　ぬいてみよう　おおきな　カブ**
よいこらしょ　どっこいしょ　やれこらしょ　まだぬけない

――おじいさん、おばあさん、孫娘、「抜いてみよう」に合わせ、左右に揺れる。

ナレーター　**おじいさん、おばあさん、孫娘だけではカブは抜けません。そこで、イヌを呼ぶことにしました。イヌも手伝いますよ。**

——イヌ、「イヌさん行進曲」に合わせて軽快に登場し、はっぱを持つ。

——付き添いの保育者、「抜いてみよう」を歌う。（子どもも一緒に歌ってもよい。）

付き添いの保育者　**♪よいしょ　よいしょ　ぬいてみよう　おおきな　カブ**
よいこらしょ　どっこいしょ　やれこらしょ　まだぬけない

——おじいさん、おばあさん、孫娘、イヌ、「抜いてみよう」に合わせ、左右に揺れる。

ナレーター　**おじいさん、おばあさん、孫娘にイヌでもカブは抜けません。**
そこで、ネコを呼ぶことにしました。ネコも手伝いますよ。

——ネコ、「ネコさん行進曲」に合わせてちょっと気取って登場し、はっぱを持つ。

——付き添いの保育者、「抜いてみよう」を歌う。（子どもも一緒に歌ってもよい。）

付き添いの保育者　**♪よいしょ　よいしょ　ぬいてみよう　おおきな　カブ**
よいこらしょ　どっこいしょ　やれこらしょ　まだぬけない

——おじいさん、おばあさん、孫娘、イヌ、ネコ、「抜いてみよう」に合わせ、左右に揺れる。

ナレーター　**おじいさん、おばあさん、孫娘、イヌ、ネコだけではカブは抜けません。**
そこで、ネズミを呼ぶことにしました。ネズミも手伝いますよ。

——ネズミ、「ネズミさん行進曲」に合わせて小走りに登場し、はっぱを持つ。

——付き添いの保育者、「抜いてみよう」を歌う。（子どもも一緒に歌ってもよい。）

付き添いの保育者　**♪よいしょ　よいしょ　ぬいてみよう　おおきな　カブ**
よいこらしょ　どっこいしょ　やれこらしょ　まだぬけない

——おじいさん、おばあさん、孫娘、イヌ、ネコ、ネズミ、「抜いてみよう」に合わせ、左右に揺れる。

ナレーター　**スッポーン！**

——付き添いの保育者、はっぱを持ったまま、「抜けた 抜けた」を歌う。（子どもも一緒に歌ってもよい。）

付き添いの保育者　**♪やっとやっと　ぬけた　やっとやっと　ぬけた**
おおきなカブ　ちからあわせて　ぬいた

ナレーター　**これで○○組の発表を終わります。**

（おしまい）

「大きなカブ」楽譜集

抜いてみよう

［トラックナンバー 8］

おばあさん行進曲

［トラックナンバー 9］

ゆっくり歩く

孫娘行進曲

［トラックナンバー 10］

♪のリズムで元気よく歩く

イヌさん行進曲

［トラックナンバー 11］

軽快に

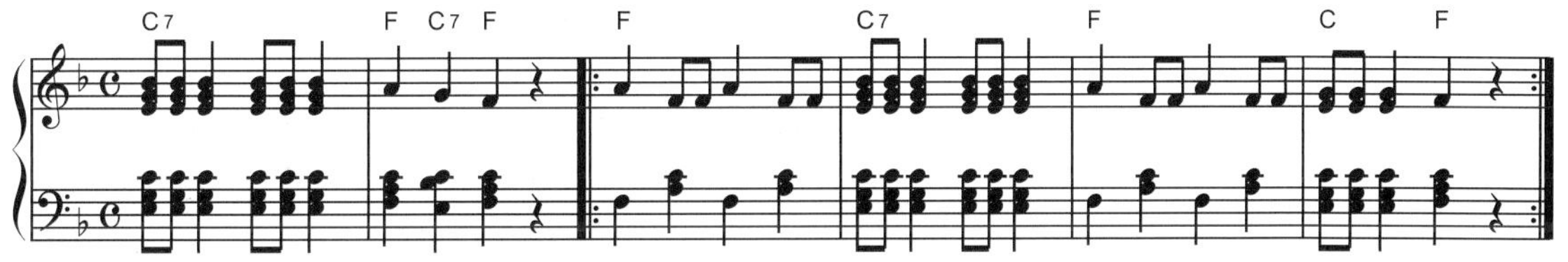

ネコさん行進曲

［トラックナンバー 12］

気取った感じで

ネズミさん行進曲

［トラックナンバー 13］

♪のリズムで小走り

抜けた 抜けた

［トラックナンバー 14］

1～2
歳児向き

アリとキリギリス

働き者のアリとあそんでばかりのキリギリス。キリギリスは、夏の間もあそんでいましたが、やがて冬がやってきました。さて、どうなるでしょうか。

登場人物と衣装

●アリ（クラスの半数）

●キリギリス（クラスの半数）

〈お面ベルト〉

〈アリの衣装〉

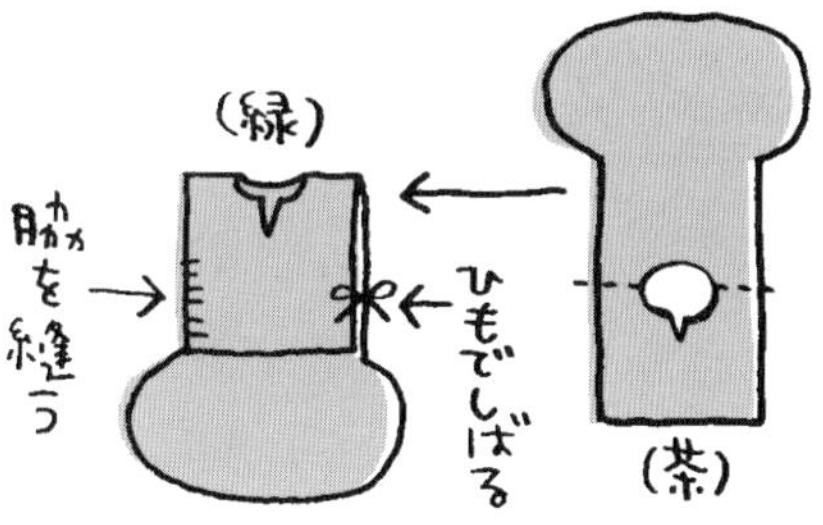

〈キリギリスの衣装〉

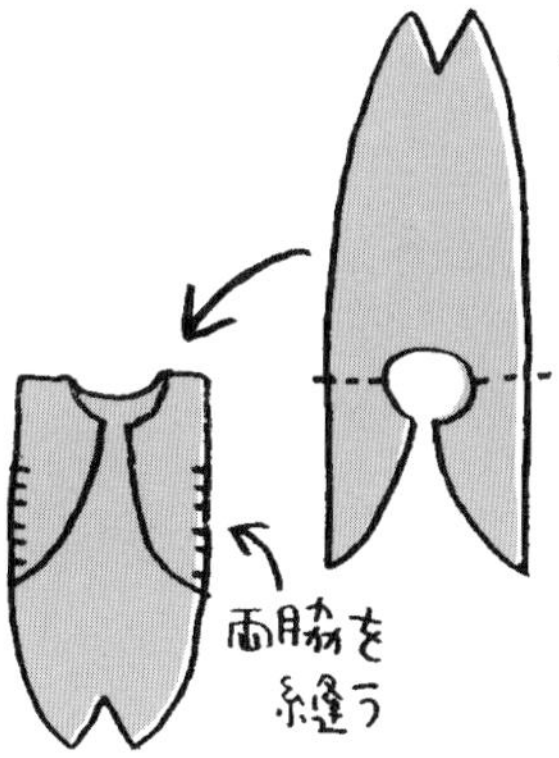

●ナレーター（保育者）

●ピアノ担当（保育者）

小道具

●アリの荷物（人数分より少し多めに用意）

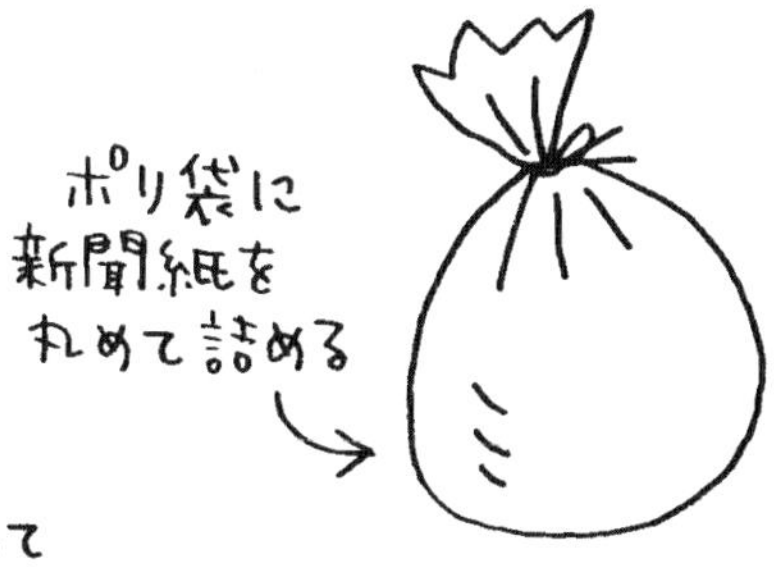

●草

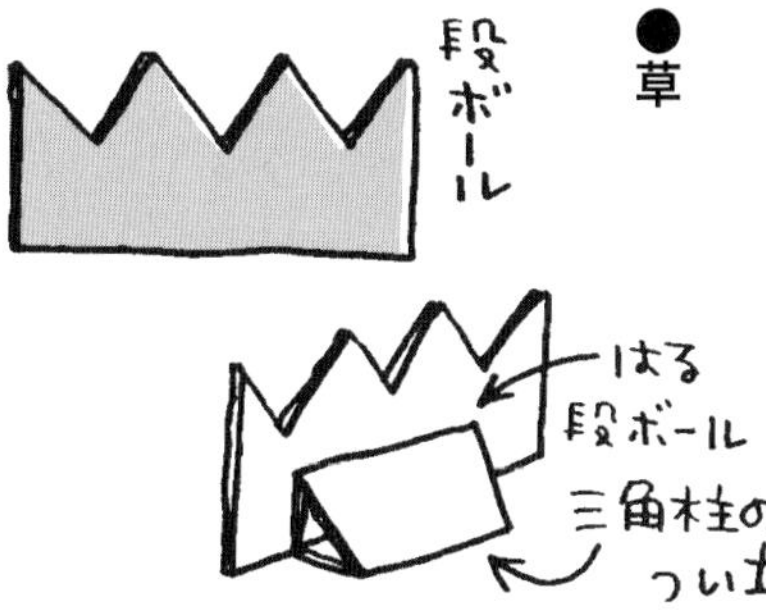

舞台設定

いすをセットし、転落防止用にステージ最前列に草を置く。

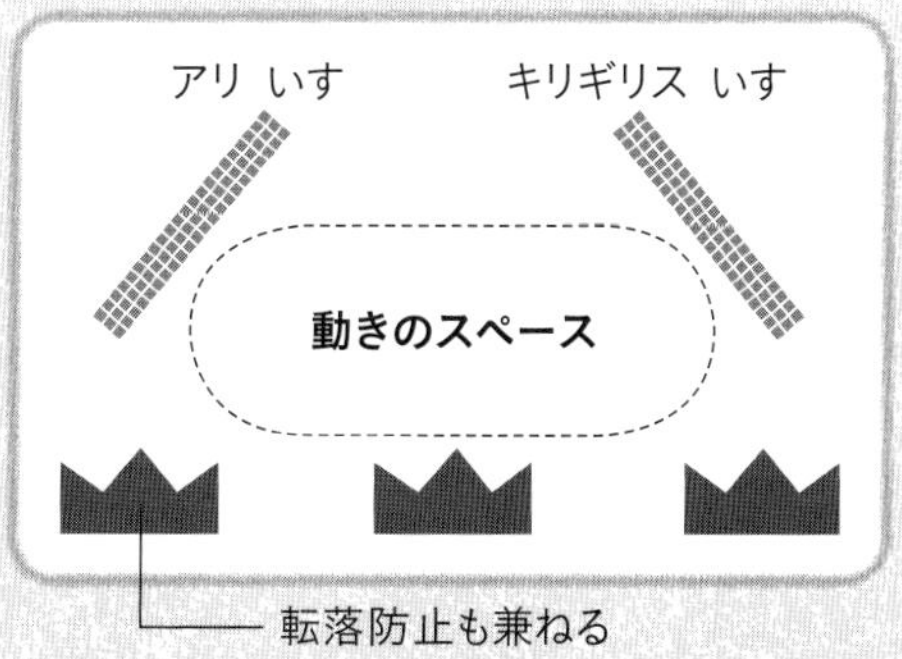

楽譜は24ページにあります。

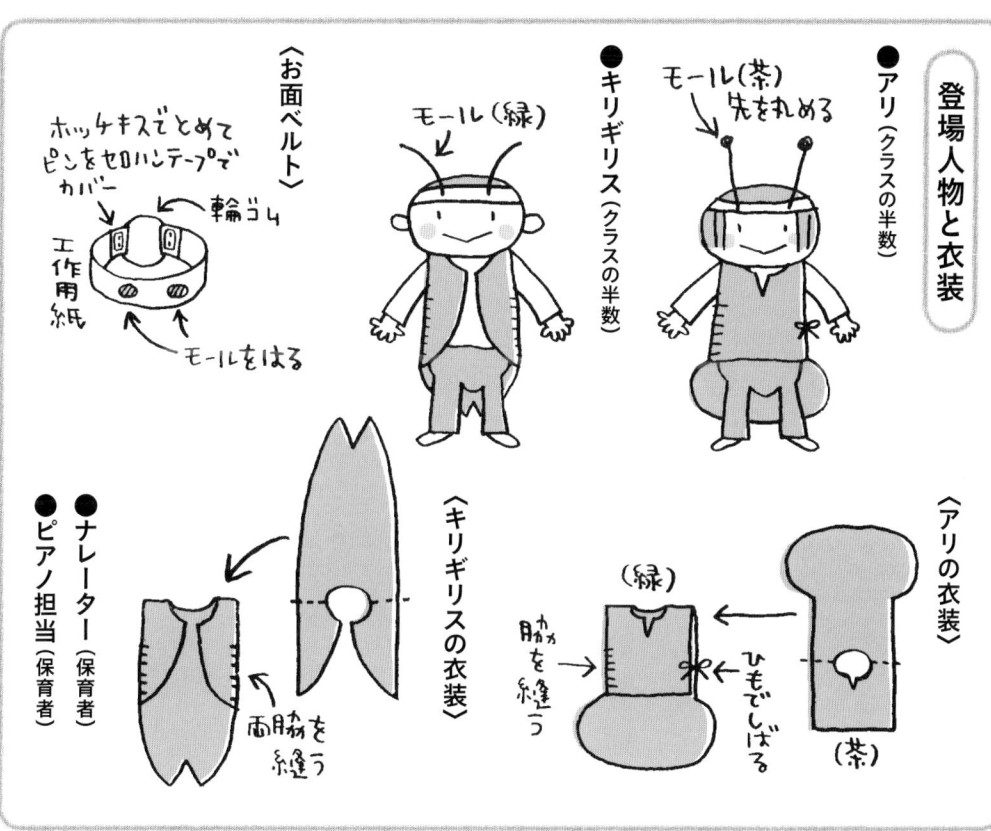

発表のしかた

——全員、所定のいすに座っている。

ナレーター ● **ある夏の日、キリギリスたちは楽しそうに歌をうたっていました。**

——付き添いの保育者が、「夏だよ　チャチャチャ」1番を歌う。（子どもも一緒に歌ってもよい。）

付き添いの保育者 ● **♪なつだよたのしく　チャチャチャチャ　うたってたのしく　チャチャチャチャ**
おまつりきぶんで　チャチャチャチャ
チャチャチャチャチャチャチャの　チャチャチャチャ

——キリギリス、「夏だよ　チャチャチャ」に合わせ、両手を左右に振ったり、「チャチャチャ」の部分で手拍子をしたりぴょんぴょん飛び跳ねたりして、楽しそうに体を動かす。中央のスペースで、リズムに乗って動く。曲が終わったらいすに座る。

ナレーター ● **キリギリスさん、楽しそうでしたね。今度はアリさんがやってきましたよ。**

——アリの荷物を中央のスペースに置く。

——アリ、立って中央のスペースへ移動し、はいはいしたり自由に歩いたりする。荷物を取りにいく。（付き添いの保育者が手伝う。）

——付き添いの保育者、「アリさんうんとこ」を歌う。（子どもも一緒に歌ってもよい。）

付き添いの保育者 ● **♪うんとこうんとこ　どっどこいしょ　うんとこうんとこ　どっこいしょ**
あせかきながら　ごちそうはこび　アリさんうんとこ　どっこいしょ

ナレーター ● **アリさんは夏の間にたくさん食べ物を集め、寒い冬に備えようとしていたんですね。**
キリギリスさんはだいじょうぶかなあ?

——付き添いの保育者、「夏だよ　チャチャチャ」2番を歌う。（子どもも一緒に歌ってもよい。）

付き添いの保育者 ● **♪まだまだこないよ　ふゆは　うたってたのしく　チャチャチャチャ**
おまつりきぶんで　チャチャチャチャ　チャチャチャチャの　チャチャチャチャ

——キリギリス、「夏だよ　チャチャチャ」に合わせ、両手を左右に振ったり、「チャチャチャ」の部分で手拍子をしたりぴょんぴょん飛び跳ねたりして、楽しそうに体を動かす。中央のスペースで、リズムに乗って動く。曲が終わったらいすに座る。

ナレーター　あらあら、キリギリスさんは冬の準備をしていないようですね。アリさんはそんなキリギリスさんを横目で見ながら、まだまだがんばっていますよ。

——アリの荷物を中央のスペースに戻す。

——アリ、立って中央のスペースに移動し、はいはいしたり自由に歩いたりする。荷物を取りにいく。（付き添いの保育者が手伝う。）

——付き添いの保育者、「アリさんうんとこ」を歌う。（子どもも一緒に歌ってもよい。）

付き添いの保育者　♪うんとこうんとこ　どっこいしょ　うんとこうんとこ　どっこいしょ
あせかきながら　ごちそうはこび　アリさんうんとこ　どっこいしょ

ナレーター　アリさんは準備ＯＫ。冬支度もすっかりできました。おやっ。寒い風。冬がやってきました。息も真っ白に凍えるような寒い冬です。

——付き添いの保育者が「トントントン」を歌う。（子どもも一緒に歌ってもよい。）

付き添いの保育者　♪トントントン　トントントン　いれて
トントントン　トントントン　いやよ

——全員、歌に合わせて手拍子をする。

ナレーター　夏の間、歌ってあそびすぎてしまったキリギリスさん。
せっせと食べ物を集めたアリさんに断られてしまってしょんぼり。
おなかをすかせながら帰って行ったそうです。
アリさん役でがんばったのは、○○ちゃん、□□ちゃん…。
キリギリスさん役でがんばったのは、△△ちゃん、☆☆ちゃん…。
＊ナレーターが名前を呼んで、子どもが返事をする。
これで○○組の発表を終わります。

（おしまい）

「アリとキリギリス」楽譜集

夏だよ チャチャチャ

［トラックナンバー 15］

アリさんうんとこ

［トラックナンバー 16］

トントントン

［トラックナンバー 17］

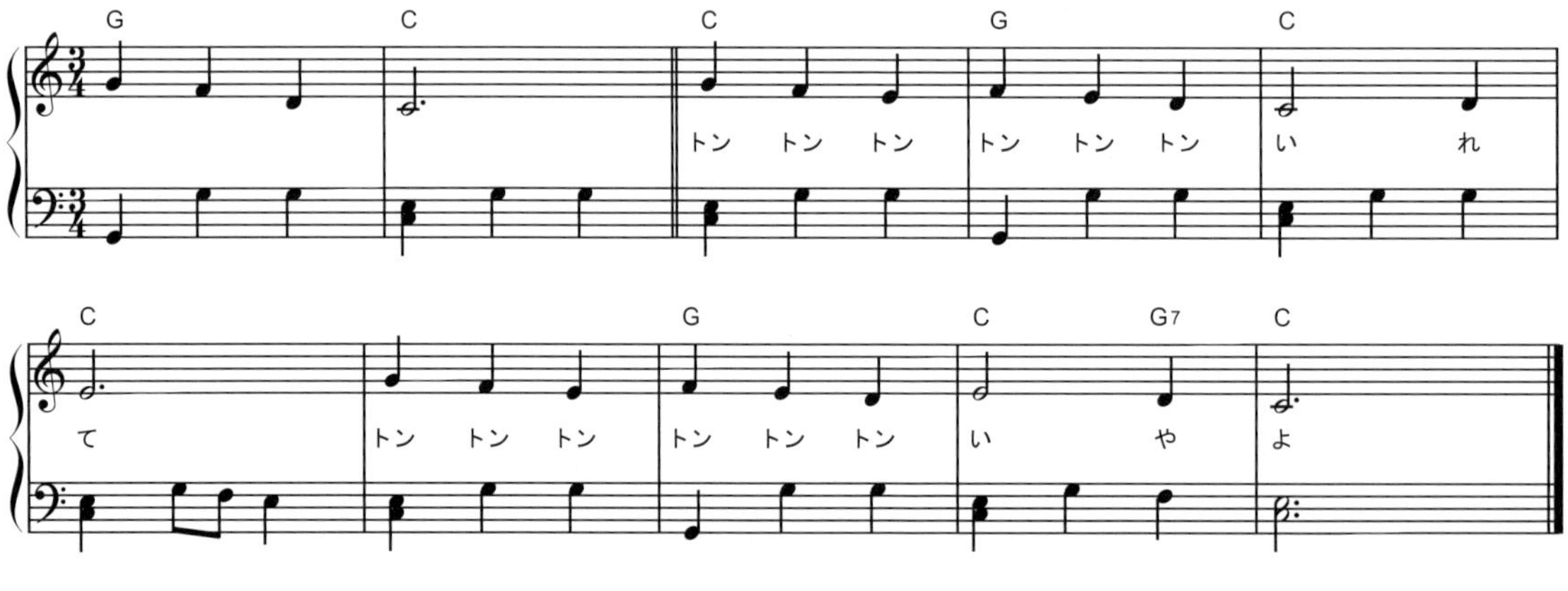

1~2
歳児向き

北風と太陽

北風と太陽、どちらが強いでしょうか。どちらが先に旅人の服を脱がすことができるか、競争です。旅人に、北風は風を吹き付け、太陽は温かく照らします。

登場人物と衣装

●旅人（クラス3分の1）

●北風（クラス3分の1）

●太陽（クラス3分の1）

●ナレーター（保育者）

●ピアノ担当（保育者）

〈チュニック〉

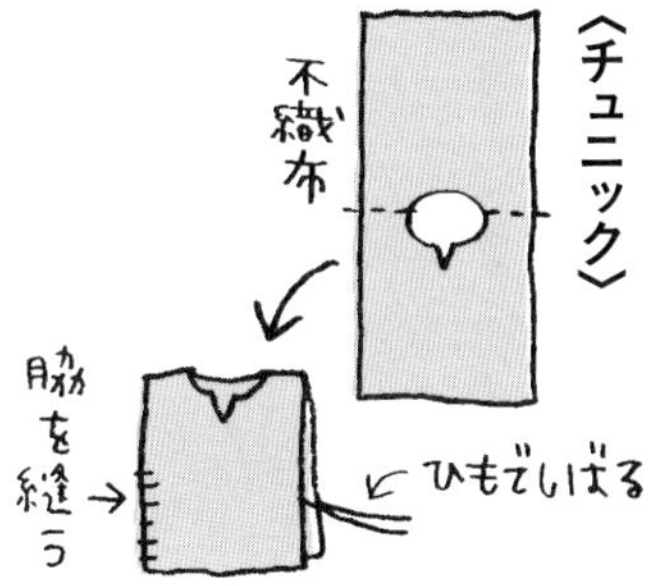

〈マント〉

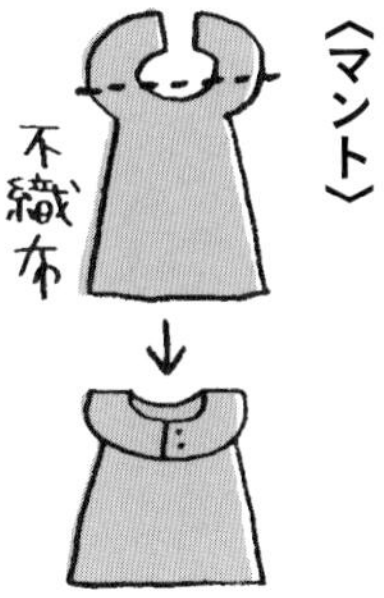

〈お面ベルト〉

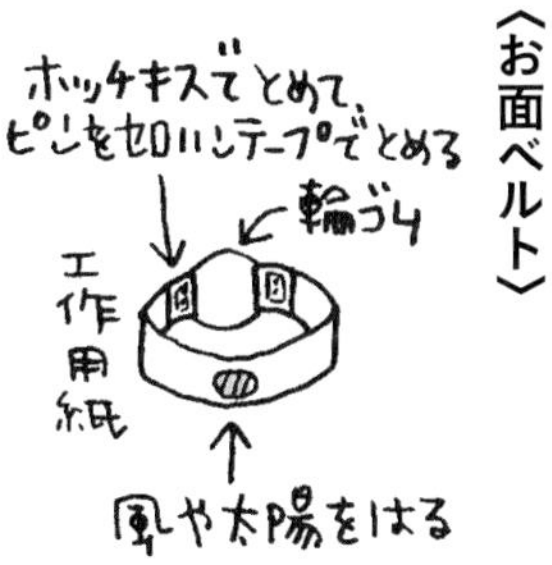

＊配役は、それぞれ同じくらいの人数にしましょう。

小道具

●旅人の荷物

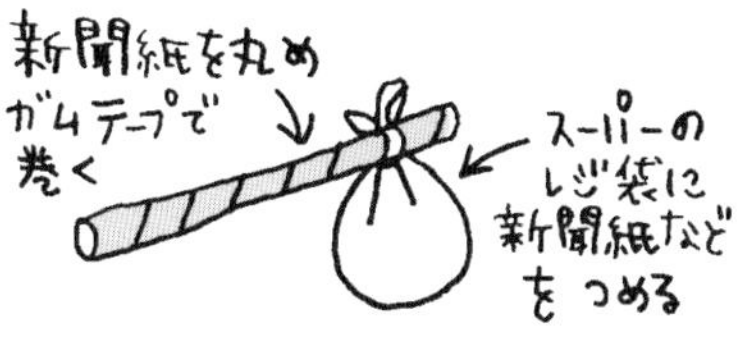

●草と石

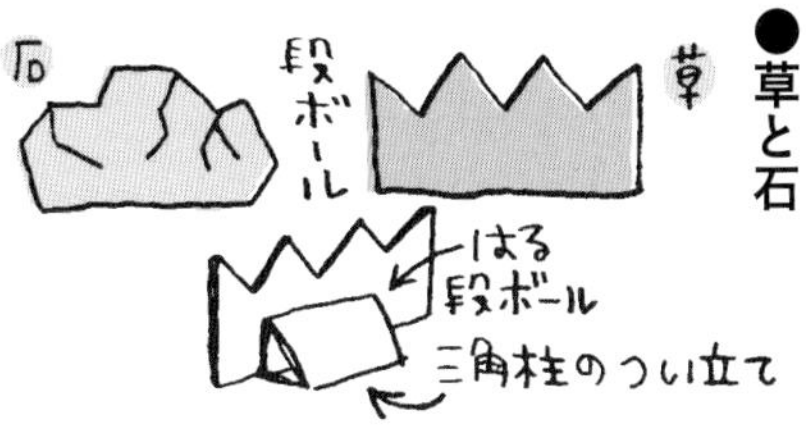

●水しぶきのペープサート

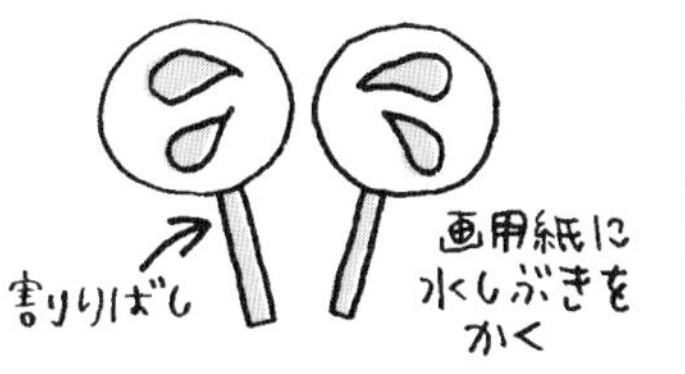

●ポンポン

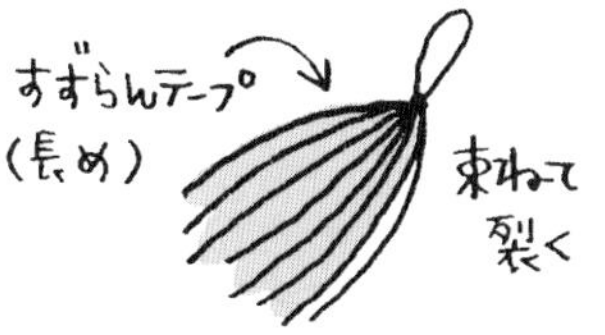

●マット

舞台設定

いす、マットをセットする。転落防止用にステージ最前列に石や草を置く。

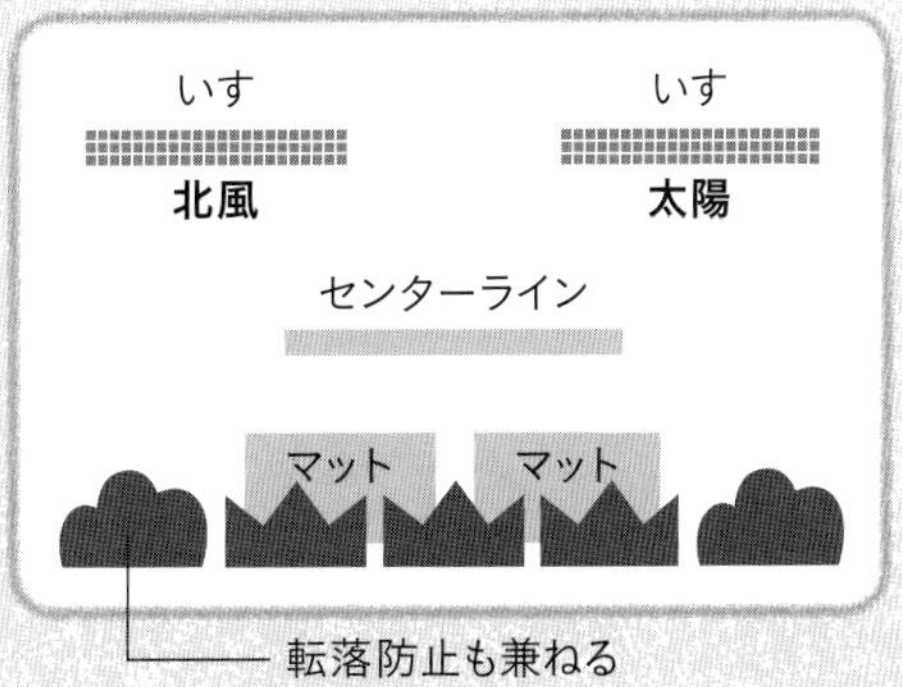

楽譜は28ページにあります。

発表のしかた

ナレーター　――北風と太陽、所定のいすに座っている。

冬のある日のこと、北風と太陽は、どちらが強いかでけんかを始めました。北風は自分のほうが強いと言い、太陽も負けずに自分のほうが強いと言い、お互いにゆずりません。すると、旅人がこちらへ歩いてきましたよ。

――旅人、旅人行進曲に合わせ、1列に並んでセンターラインを一回りして退場。(年齢によっては、保育者が誘導する。)

ナレーター　**北風と太陽は、それでは旅人のマントを脱がすことができたほうが勝ち、ということにしました。初めに北風が、旅人にたくさん風を吹きつけて、マントを吹き飛ばして脱がそうと考えました。**

付き添いの保育者　――付き添いの保育者、「北風の歌」1番を歌う。(子どもも一緒に歌ってもよい。)

♪ヒューールヒュール　ヒュルヒュルヒューール　きたかぜ
さむいかぜ　ヒューールヒューール　つよいかぜ　なんでもとばすよ　ヒューールル

――北風、いすから立ち上がり、「北風の歌」1番に合わせ、ポンポンを振りながらセンターラインの周りを自由に歩く。歌が終わったらいすに座る。

ナレーター　**旅人はどうだったでしょうか。**

――旅人、「旅人行進曲」に合わせ、1列に並んでセンターラインを一回りして退場。

ナレーター　**まだ旅人のマントは脱げていませんね。北風はもう一度旅人に風を吹きつけます。**

付き添いの保育者　――付き添いの保育者、「北風の歌」2番を歌う。(子どもも一緒に歌ってもよい。)

♪ヒューールヒュール　ヒュルヒュルヒューール　きたかぜ
さむいかぜ　ヒューールヒューール　つよいかぜ　なんでもとばすよ　ヒューールル
あれれとばない　もうだめだ

――北風、いすから立ち上がり、「北風の歌」2番に合わせ、ポンポンを振りながらセンターラインの周りを自由に歩く。歌が終わったらいすに座る。

――旅人、「旅人行進曲」に合わせ、1列に並んでセンターラインを一回りして退場。

ナレーター　**旅人のマントは脱げなかったんですね。今度は太陽の番です。旅人のマントを脱がすことができるかな？**

付き添いの保育者　——付き添いの保育者、「太陽の歌」を歌う。（子どもも一緒に歌ってもよい。）

♪キラキラキラリ　おひさまひかる　サンサンてらすよ　たびびとを
からだはポカポカ　あたたまり　たくさんたくさん　あつくなれ

——太陽、いすから立ち上がり、「太陽の歌」に合わせ、両手をきらきらさせながらセンターラインの周りを自由に歩く。歌が終わったらいすに座る。

ナレーター　**旅人のマントは脱げたでしょうか。**

——旅人、「旅人行進曲」に合わせ、センターラインに1列に並ぶ。

付き添いの保育者　——付き添いの保育者、「たまりません」を歌う。（子どもも一緒に歌ってもよい。）

♪もうもうもう　たまりません　もうもうもう　たまりません
あつくて　たまりません　ハーア

——旅人、「たまりません」に合わせ、センターラインでマントを振る。「ハーア」でマットの上に座る。

ナレーター　**ドボーン！　あまりの暑さに、旅人はマントを脱いで、川に飛び込みました。**

——付き添いの保育者、水しぶきのペープサートを出す。

ナレーター　**北風は、旅人のマントを脱がすことができませんでした。太陽の勝ちとなりました。**
北風役でがんばったのは、○○ちゃん、太陽役でがんばったのは□□ちゃん、旅人役でがんばったのは、☆☆ちゃん…。

＊ナレーターが名前を呼んで、子どもが返事をする。

これで○○組の発表を終わります。

「北風と太陽」楽譜集

旅人行進曲

［トラックナンバー 18］

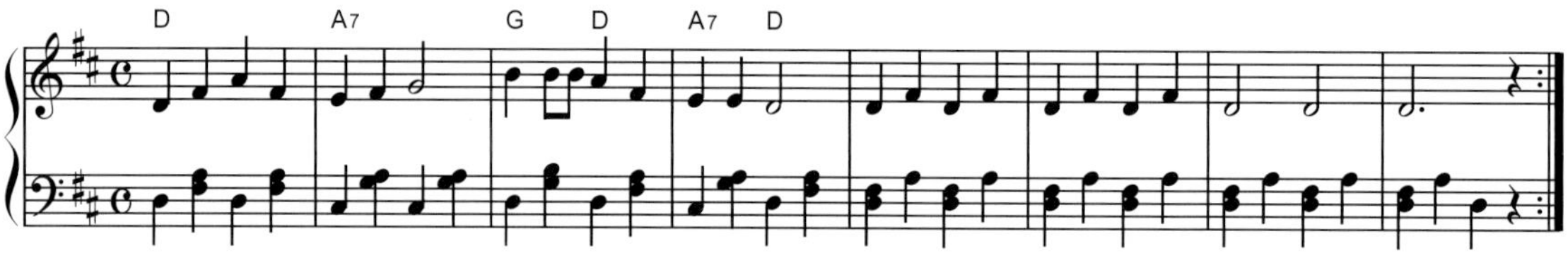

北風の歌

［トラックナンバー 19,20］

※ 1 (fine ①) は、1 番のみを歌う時の終わりの位置を表す。
※ 2 (fine ②) は、2 番のみを歌う時の終わりの位置を表す。

太陽の歌

［トラックナンバー 21］

たまりませんの歌

［トラックナンバー 22］

3匹の子ブタ

2~3 歳児向き

大きくなった子ブタの3兄弟は、おうちを作ることにしました。わら、木、れんがを使って、3匹それぞれ、どんなおうちを作るのでしょう。

登場人物と衣装

●1番目の子ブタ（3～5人）

●2番目の子ブタ（3～5人）

●3番目の子ブタ（3～5人）

〈お面ベルト〉

●オオカミ（2～5人）

●ナレーター（保育者）

●ピアノ担当（保育者）

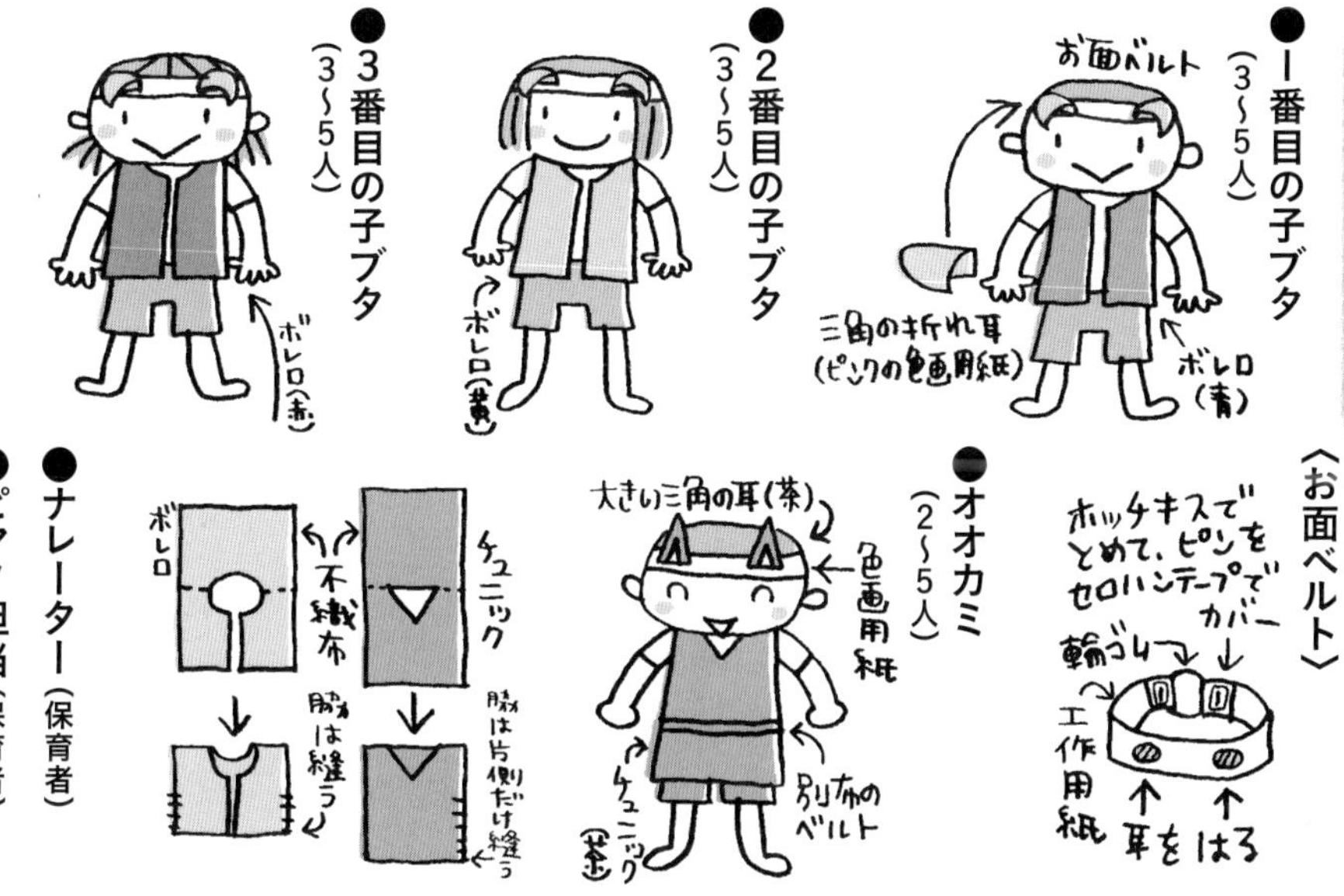

＊配役はそれぞれ同じくらいの人数にしましょう。

小道具

●わら（すずらんテープで作ったポンポン）

●木（牛乳パックの空き箱）

●金づち（積み木や太鼓のばちなど）

●レンガ（積み木や空き箱など）

●わらの家の絵

●木の家の絵

●レンガの家の絵

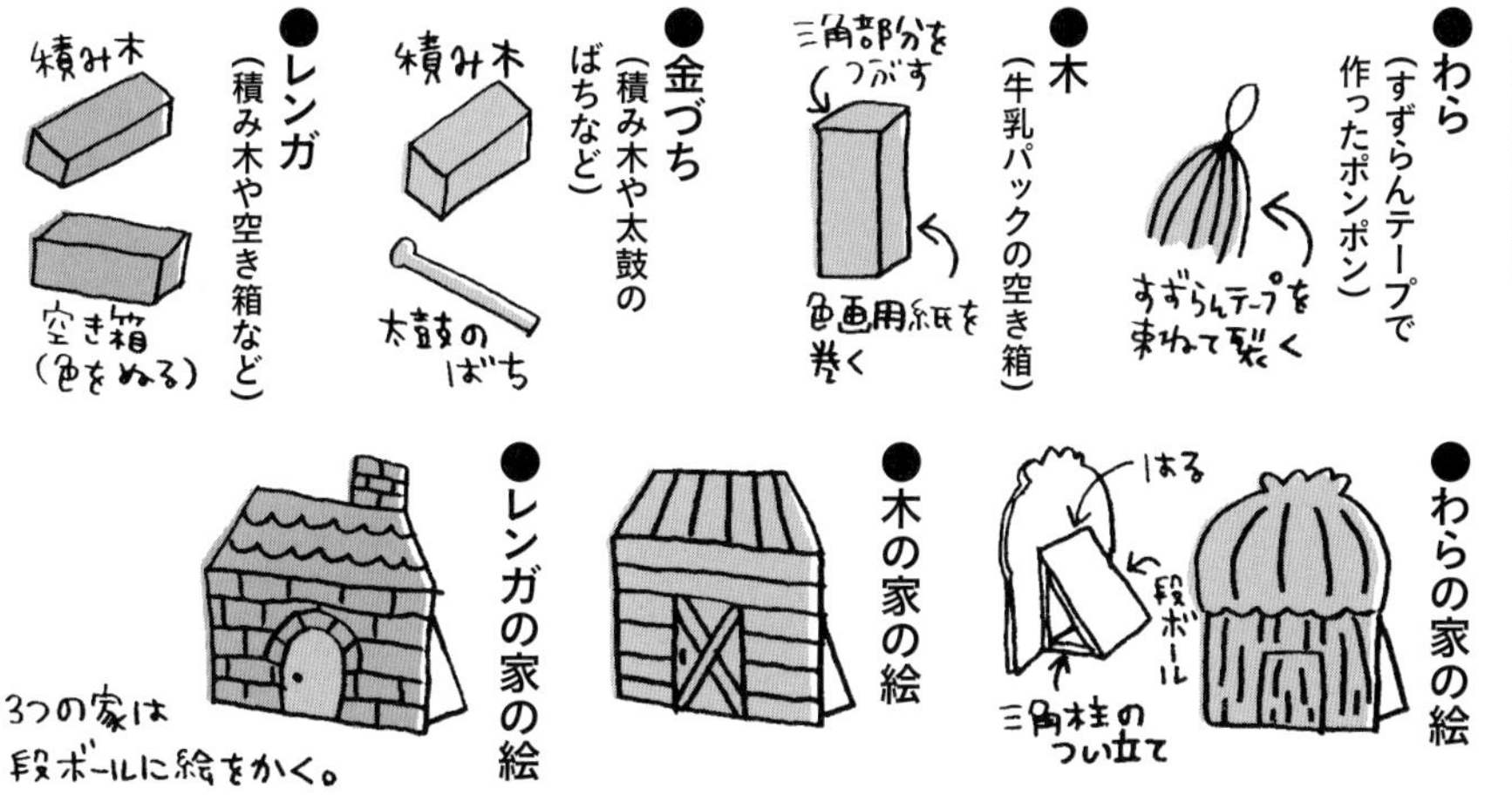

舞台設定

わらの家、木の家、レンガの家をセットし、子どもたちが動きやすいように、立ち位置を示すカラーテープなどをはっておく。

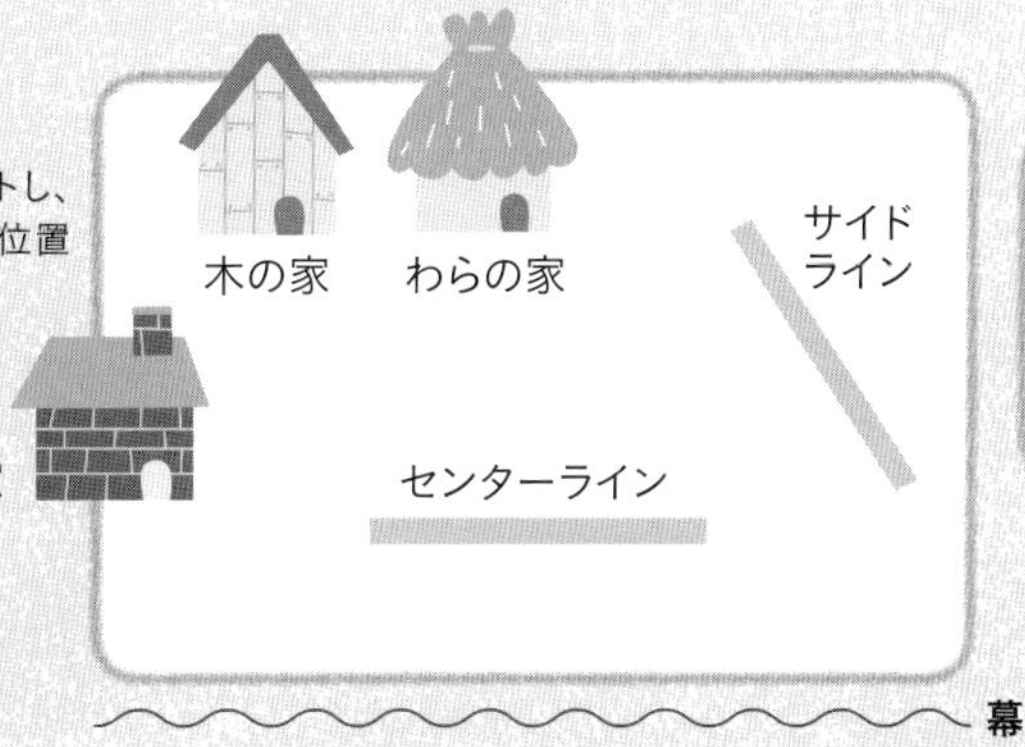

楽譜は33～35ページにあります。

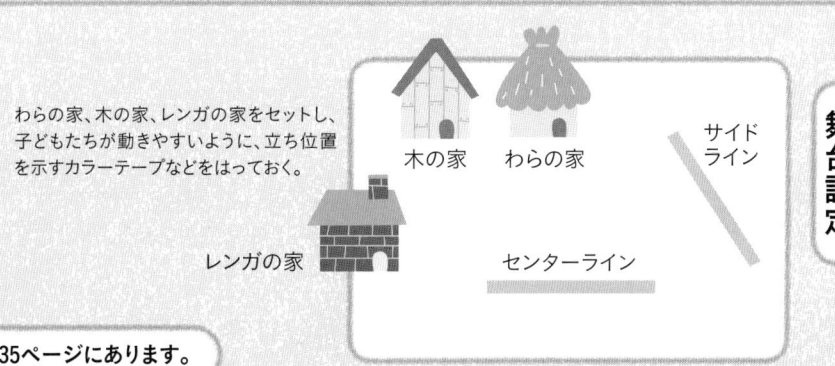

発表のしかた

——全員、登場。センターラインに並び、前列は立てひざ、後列は立って並ぶ。

——付き添いの保育者、「どんな家ができるかな」を歌う。（子どもも一緒に歌ってもよい。）

付き添いの保育者

♪さんびきの　コブタのきょうだい　おかあさんに　いわれたよ
おおきくなったのだから　じぶんでいえを　つくりなさい
♪いちばんめは　なまけもので　にばんめは　ちょうしもの
さんばんめは　がんばりや　どんないえが　できるかな

——全員、歌が終わったら退場し、舞台脇で待つ。

ナレーター

最初におうちを作るのは、1番目の子ブタちゃん。
なんだかちょっと、気が進まないみたいですね。

——1番目の子ブタ全員、わらを両手に持ち、「いちばんめ行進曲」に合わせ、のろのろゆっくり登場。センターラインに整列。

ナレーター

1番目の子ブタは、わらでおうちを作るようです。

——1番目の子ブタ全員、「わらの家だよ」に合わせ、わらを左右に揺らす。曲が終わったら、わらの家の前に座る。

ナレーター

わらの家はでき上がり。
今度は、2番目の子ブタちゃんが元気に歩いてきましたよ。

——2番目の子ブタ全員、木と金づちを持ち、「にばんめ行進曲」に合わせ、元気に登場。センターラインに整列。

ナレーター

2番目の子ブタちゃんは、木と金づちでおうちを作るようです。

——2番目の子ブタ全員、センターラインに座る。「木の家だよ」に合わせ、木と金づちで床をトントンとたたく。曲が終わったら、木の家の前に座る。

ナレーター

木の家もでき上がり。
ちょっと仕上がりが心配です。続いて3番目の子ブタちゃんもやって来ました。

ナレーター　――3番目の子ブタ全員、両手にレンガを持ち、「さんばんめ行進曲」に合わせ、ゆっくり登場。センターラインに整列。

ナレーター　**3番目の子ブタちゃんは、レンガでおうちを作るようです。**

――3番目の子ブタ全員、「レンガの家だよ」に合わせ、前かがみになってレンガを左右に動かす。曲が終わったら、レンガの家の前に座る。

ナレーター　**3番目の子ブタちゃんのレンガの家もできました。**
おやっ、足音が聞こえますよ。腹ペコオオカミです。

――オオカミ全員、「オオカミ行進曲」に合わせ、床を力強く踏み鳴らすように歩いて登場。サイドラインに整列。

ナレーター　**腹ペコオオカミは、わらの家を吹き飛ばそうとしています。**

――オオカミ全員、わらの家の前に移動。「フゥフゥフゥ吹き飛ばせ」に合わせ、両手を口元に当て、強く息を吹きかける。

ナレーター　**わらの家が吹き飛んだー。逃げろ逃げろ。**

――1番目の子ブタ全員、「子ブタが逃げる」に合わせ、木の家の前に小走りで移動し、座る。

ナレーター　**腹ペコオオカミは、今度は木の家を吹き飛ばそうとしています。**

――オオカミ全員、木の家の前に移動。「フゥフゥフゥ吹き飛ばせ」に合わせ、両手を口元に当て、強く息を吹きかける。

ナレーター　**木の家も吹き飛んだー。逃げろ逃げろ。**

――1番目と2番目の子ブタ全員、「子ブタが逃げる」に合わせ、レンガの家の前に小走りで移動し、座る。

ナレーター　**腹ペコオオカミは、今度はレンガの家を吹き飛ばそうとしています。**

――オオカミ全員、レンガの家の前に移動。「フゥフゥフゥ吹き飛ばせ」に合わせ、両手を口元に当て、強く息を吹きかける。

ナレーター ● レンガの家は吹き飛びません。
腹ペコオオカミは、今度はエントツから入るようです。

——オオカミ全員、「オオカミ行進曲」に合わせ、床を力強く踏み鳴らすように歩く。
「ガッシャーン」の音で、その場にしりもちをつく。

ナレーター ● オオカミさんは、熱いおなべに入って大やけど。

——オオカミ全員、おしりを押さえ、「アッチッチー」に合わせ、その場でぐるぐる回って退場。

ナレーター ● オオカミさん、残念でした。
3匹の子ブタは、それからずーっと、レンガの家で仲よく暮らしたそうです。
オオカミさんも出ておいで。

——オオカミ全員、登場。

——全員、センターラインに整列。

ナレーター ● これで○○組の発表を終わります。

（おしまい）

○○組の
3匹の子ブタは
これで おわります！
ガッシャ〜ン!!

「3匹の子ブタ」楽譜集

どんな家ができるかな

［トラックナンバー 23］

いちばんめ行進曲

［トラックナンバー 24］

♩で1歩のリズムで、めんどうくさそうに暗い感じで歩く

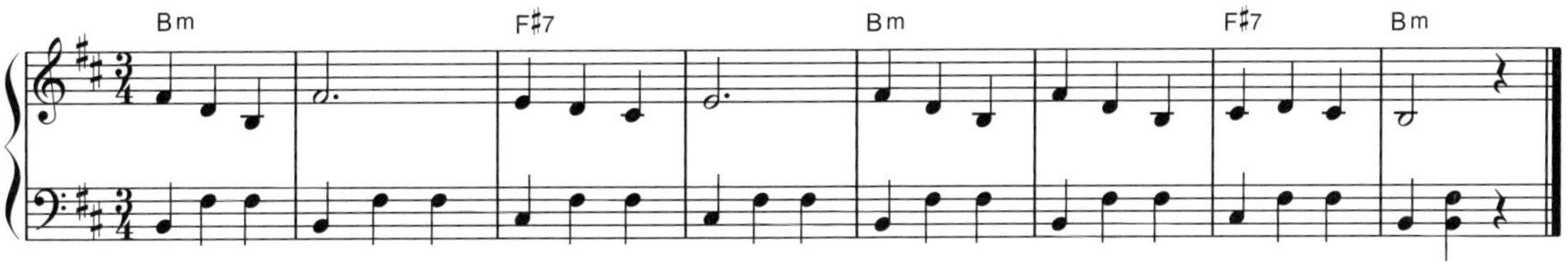

わらの家だよ

［トラックナンバー 25］

3拍分（1小節）で1スイングのゆれで3拍子感。ポンポンを手にもち、左右にゆらす

にばんめ行進曲

［トラックナンバー 26］

♩のリズムで軽やかに

木の家だよ

[トラックナンバー 27]

♩のリズムと3拍子を感じながら

さんばんめ行進曲

[トラックナンバー 28]

重々しく

レンガの家だよ

[トラックナンバー 29]

オオカミ行進曲

[トラックナンバー 30]

力強くゆっくり歩く

フゥフゥフゥ吹き飛ばせ

[トラックナンバー 31]

子ブタが逃げる

［トラックナンバー 32］

ガッシャーン

［トラックナンバー 33］

アッチッチー

［トラックナンバー 34］

COLUMN ❷

「衣装のポイント」

かならずしも、動物だからといって動物のお面をつけたり、着ぐるみを着たりする必要はないですね。

1 その特徴を色でとらえ、すっきりシンプルにしましょう。そのほうが、より子どもが目立ちます。

2 お面をつけたいときは、お面用ベルトや赤白帽子に耳だけを付け、子どもの顔が隠れないようにしましょう。

2~3
歳児向き

桃太郎

モモから生まれた桃太郎。成長してイヌ、サル、キジと、鬼が島へ鬼退治に向かいます。鬼をやっつけることができるでしょうか。

登場人物と衣装

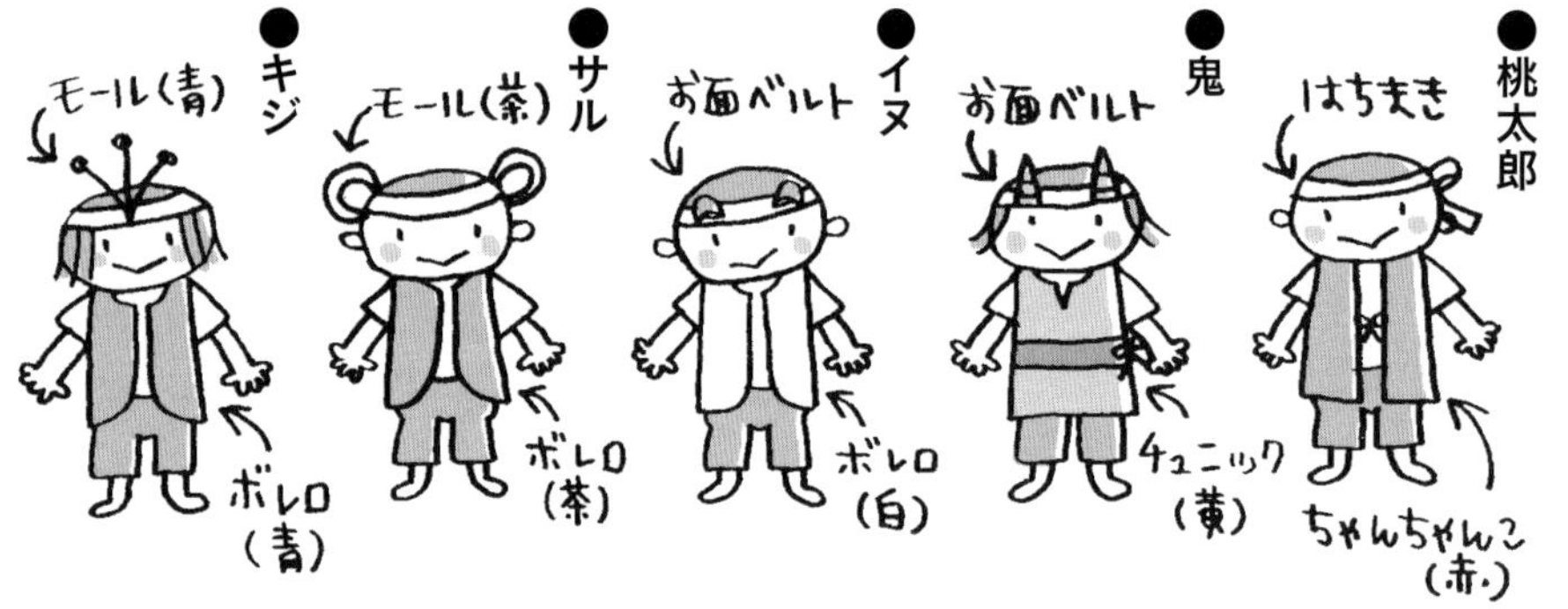

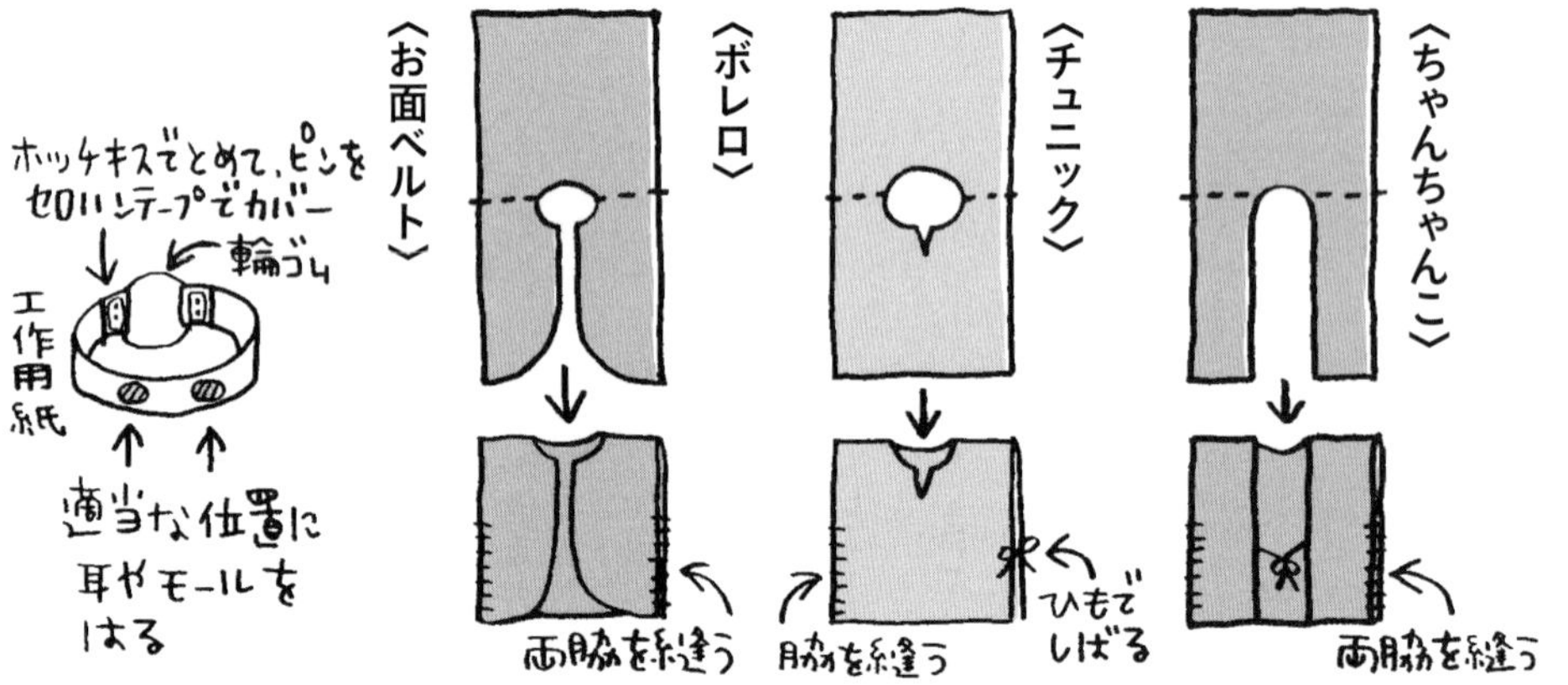

＊配役は、それぞれ同じくらいの人数にしましょう。

小道具

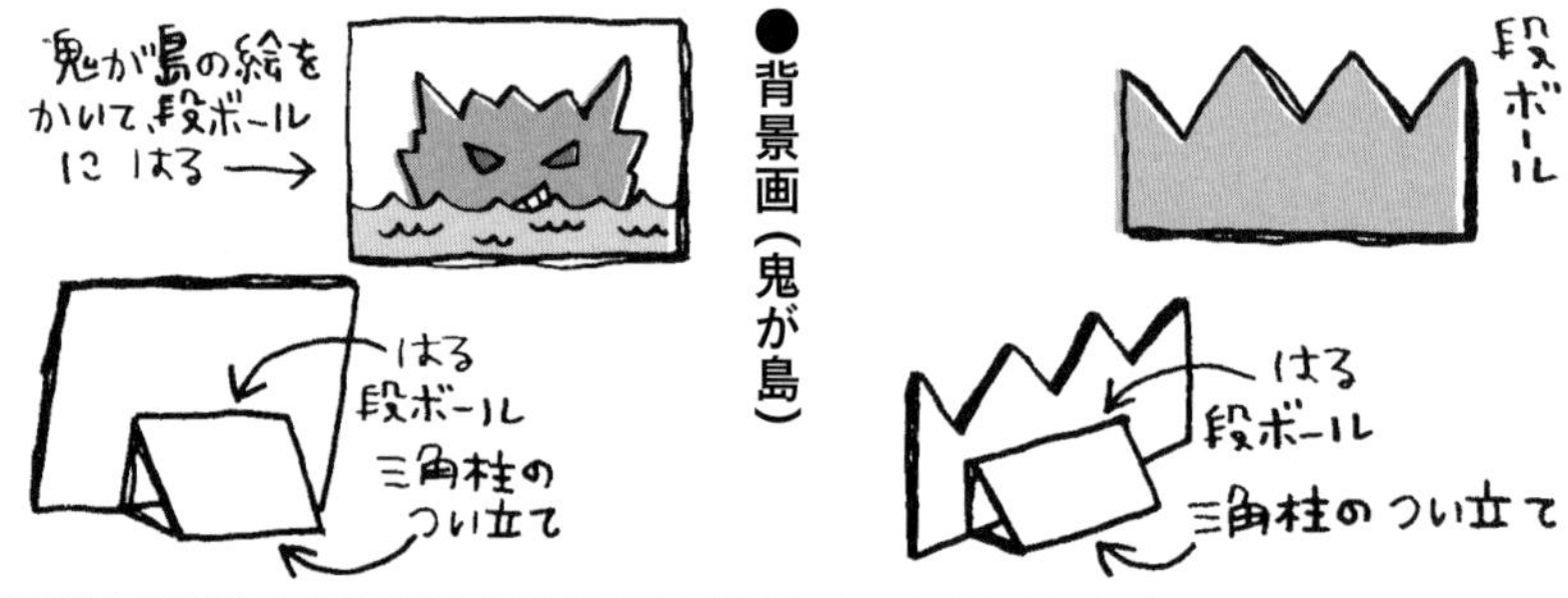

舞台設定

背景画（鬼が島）、草、いすをセットする。転落防止用にステージ最前列に草を置く。

楽譜は39〜40ページにあります。

発表のしかた

ナレーター　**川上から流れてきた大きなモモ。おばあさんはおじいさんとモモを割ってみると、中にはかわいい男のあかちゃん。桃太郎と名づけて育てると、元気な若者になり、悪い鬼を退治しようと考えました。さあ、桃太郎の冒険が始まりますよ。**

――桃太郎、「桃太郎行進曲」に合わせ、手を振って元気に入場し、センターラインのはじに並ぶ。

ナレーター　**桃太郎がずんずん歩いていると、イヌがやってきました。**

――イヌ、「イヌさん入場曲」に合わせて登場し、桃太郎の隣に並ぶ。

付き添いの保育者　――付き添いの保育者、「くださいな」を歌う。（子どもも一緒に歌ってもよい。）

♪おいしそうだね　きびだんご　わたしにひとつ　くださいな

♪いいともあげよう　きびだんご　いっしょにいこうよ　おにたいじ

ナレーター　**イヌは、桃太郎と一緒に鬼退治に行くことにしました。さあ、出発です。**

――桃太郎、イヌ、「桃太郎行進曲」に合わせ、その場で元気よく足踏み行進をする。

ナレーター　**桃太郎とイヌがずんずん歩いていると、サルがやってきました。**

――サル、「サルさん入場曲」に合わせて登場し、イヌの隣に並ぶ。

付き添いの保育者　――付き添いの保育者、「くださいな」を歌う。（子どもも一緒に歌ってもよい。）

♪おいしそうだね　きびだんご　わたしにひとつ　くださいな

♪いいともあげよう　きびだんご　いっしょにいこうよ　おにたいじ

ナレーター　**サルも桃太郎と一緒に鬼退治に行くことにしました。**

――桃太郎、イヌ、サル、「桃太郎行進曲」に合わせ、その場で元気よく足踏み行進をする。

ナレーター　**桃太郎とイヌとサルがずんずん歩いていると、キジがやってきました。**

――キジ、「キジさん入場曲」に合わせて登場し、サルの隣に並ぶ。

付き添いの保育者　――付き添いの保育者、「くださいな」を歌う。（子どもも一緒に歌ってもよい。）

♪おいしそうだね　きびだんご　わたしにひとつ　くださいな
♪いいともあげよう　きびだんご　いっしょにいこうよ　おにたいじ

ナレーター　**キジも桃太郎と一緒に鬼退治に行くことにしました。さあ、出発です。**

――桃太郎、イヌ、サル、キジ、「桃太郎行進曲」に合わせ、元気よく退場。

ナレーター　**鬼が島が見えてきました。そこには、いたずらで暴れんぼうの鬼がたくさんすんでいました。ほら、鬼たちがこちらへやってきましたよ。**

――鬼、「鬼さん入場曲」に合わせ、足を力強く踏み鳴らしながら入場し、いすに座る。

――桃太郎、イヌ、サル、キジ、「桃太郎行進曲」に合わせ、入場。桃太郎、イヌ、サル、キジの順に、センターラインに並ぶ。

ナレーター　**桃太郎、イヌ、サル、キジの鬼退治が、さあ始まりますよ。**

――桃太郎、イヌ、サル、キジ、こぶしを左右交互に振り上げながら、「戦いの曲」に合わせ、ぐるぐると周りを歩く。

――鬼、いすから立ち上がり、桃太郎、イヌ、サル、キジの後ろについて歩く。

――全員、「合図音」に合わせてジャンプし、鬼だけが倒れて床に寝ころぶ。

ナレーター　**桃太郎はイヌ、サル、キジと力を合わせて、鬼をこらしめました。鬼はもうこりごりして、いたずらをやめたそうです。**

付き添いの保育者　――付き添いの保育者、「桃太郎行進曲」を歌う。（子どもも一緒に歌ってもよい。）

♪げんきいっぱい　きびだんご　たくさんもっていこう　いたずらおにを
こらしめて　たのしいむらを　つくろう
♪おにがすんでる　おにがしま　イヌサルキジといこう　いたずらおにを
こらしめて　たのしいむらを　つくろう

――桃太郎、イヌ、サル、キジは前列で体操座り、鬼は後ろで整列。

ナレーター　**桃太郎は村に帰って幸せにくらしました。これで○○組の発表を終わります。**

（おしまい）

「桃太郎」楽譜集

桃太郎行進曲

[トラックナンバー 35]

C G C G
1. げんきいっぱい きびだんご たくさんもって
2. おにがすんでる おにがしま イヌサルキジと
G F C G C F C
いこう いたずらおにを こらしめて たのしいむーらを つくろう

イヌさん入場曲

[トラックナンバー 36]

C G C G C F G7 C Fm C

くださいな

[トラックナンバー 37]

C G7 C C F C G7 C
1. おいしそうだね きびだんご わたしにひとつー くださいな
2. いいともあげよう きびだんご いっしょにいこうよ おにたいじ

サルさん入場曲

[トラックナンバー 38]

C G F C F C G C Fm C

キジさん入場曲

［トラックナンバー 39］

鬼さん入場曲

［トラックナンバー 40］

戦いの曲

［トラックナンバー 41］

合図音

［トラックナンバー 42］

PART 2

オペレッタ編

3・4・5歳児向き

幼児にとっての「オペレッタ」は、普段の手あそび、歌あそび、ごっこあそびの延長線上にあるものととらえてよいでしょう。せりふのやり取りは少なめで、歌によってテンポよくストーリーが展開していきます。どんなに内容を単純化しても、その場ですぐできる、というものではありませんから、普段の活動に取り入れ、子どもたちの「なりきって楽しもう」という気持ちが満足できるように、絵本や紙芝居などで繰り返し触れるといいですね。

みんなで心を合わせて表現する活動を通して、子どもたちは大きな達成感が味わえるでしょう。

3~4
歳児向き

おむすびころりん

柴刈りに出かけた優しいおじいさん。おむすびを落とした穴から聞こえる楽しげな歌声に誘われ、また一つおむすびを落とします。

登場人物と衣装

●ネズミ（3～10人）

丸い耳（色画用紙）
ボレロ（水色）

●優しいおじいさん（3～6人）

チュニック（黄）
おむすびの包み
ひもに挟む

●欲張りじいさん（3～6人）

チュニック（茶）

●ピアノ担当（保育者）

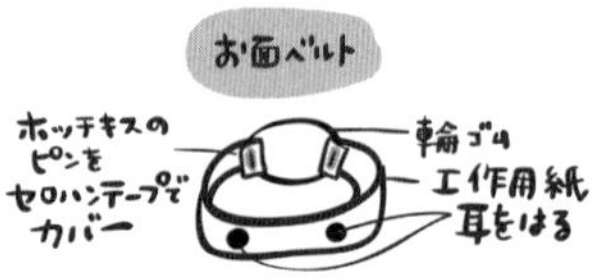

お面ベルト
ホッチキスのピンをセロハンテープでカバー
輪ゴム
工作用紙
耳をはる

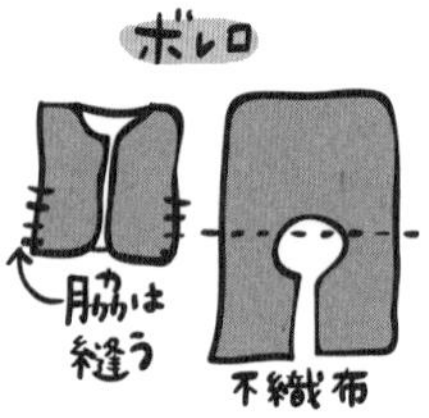

ボレロ
脇は縫う
不織布

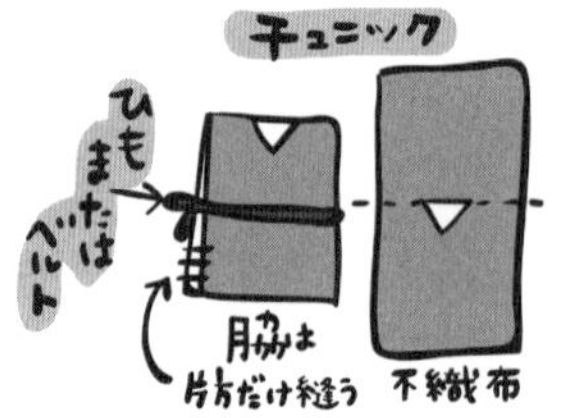

チュニック
ひもまたはベルト
脇は片方だけ縫う
不織布

＊参加人数によって、1つの役を複数で演じたり、場面ごとに演じる子を入れ替えたりしてもよいでしょう。

小道具

●おむすび

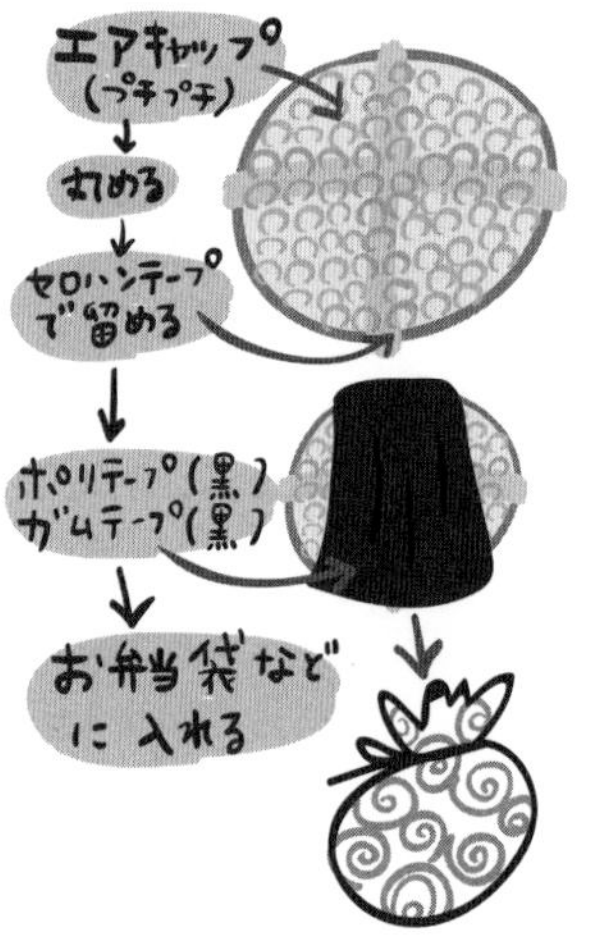

エアキャップ（プチプチ）
丸める
セロハンテープで留める
ポリテープ（黒）
ガムテープ（黒）
お弁当袋などに入れる

●穴用の箱

●草

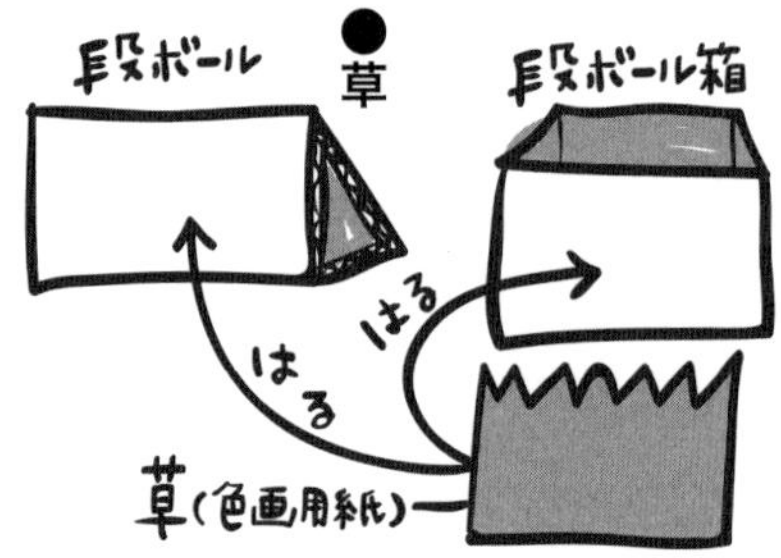

段ボール箱
段ボール
はる
はる
草（色画用紙）

●マラカス（手作りでもよい）

●ポンポン

束ねて細く裂く
すずらんテープ

舞台設定

子どもが動きやすいように、立ち位置を示すカラーテープなどをはっておく。

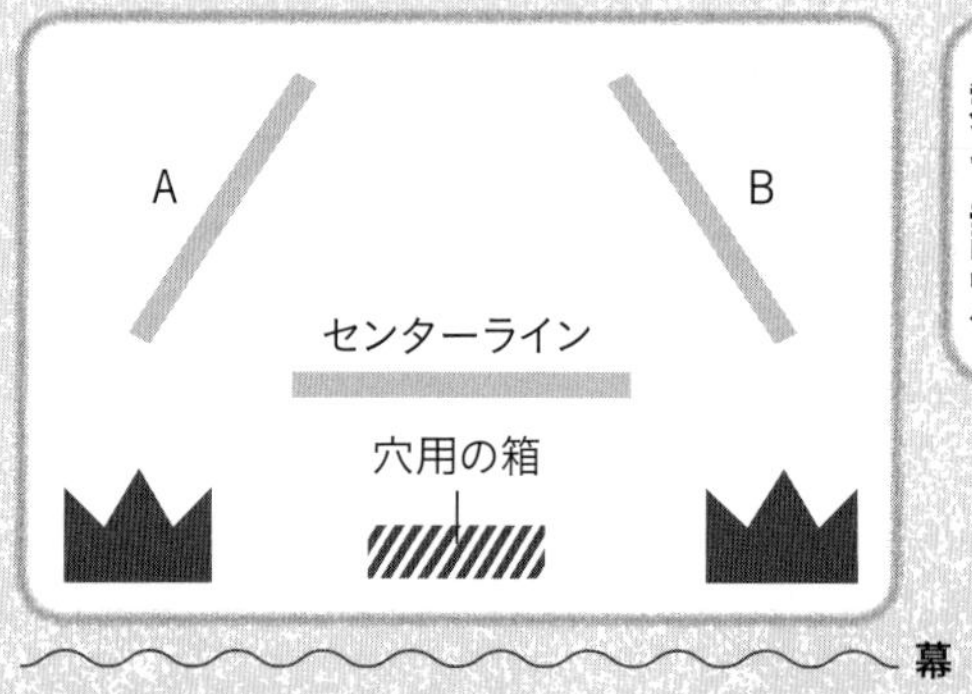

A
B
センターライン
穴用の箱
幕

楽譜は47～49ページにあります。

シナリオ

全員

——全員、登場。ネズミたち、前列に体操座り。優しいおじいさん、中列に立てひざ。欲ばりじいさん、後列に立つ。全員、「はじまりの歌」を歌う。

♪コロコロリン　コロコロリン
おむすびが　チュウチュウ　ネズミの　あなのなか
おちて　おはなし　はじまるよ
コロコロリン　コロコロリン　おむすびころりん

——ネズミたちと欲張りじいさん、歌が終わったら退場。

優しいおじいさん

——優しいおじいさん、その場で起立して「しばかりの歌」を歌い踊る。

♪カンコンコーン　カンコンコーン　カンコンコーン　カンコンコーン
おじいさん　しばかり　せいをだす
カンコンコーン　カンコンコーン　カンコンコーン　カン

踊りかた

❶前奏

ひざでリズムを取る。

❷♪カンコンコーン～カンコンコーン

両手でなたを上下に振る動作。

❸♪おじいさん～せいをだす

右足を右に1歩踏み出し、右手でガッツポーズ。次に反対側で同じ動作。これを2回繰り返す。

❹♪カンコンコーン～カン

❷と同じ動作。

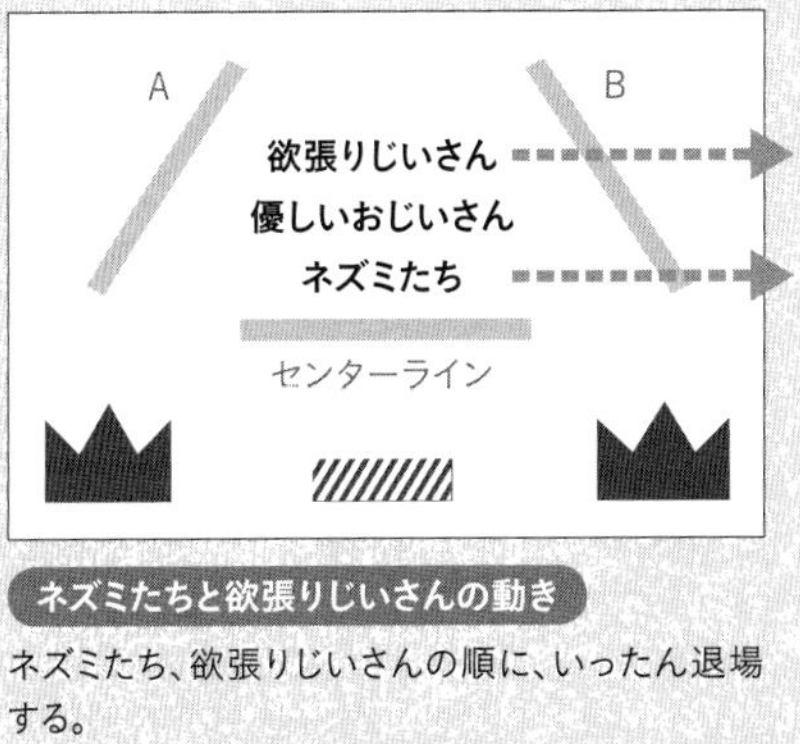

ネズミたちと欲張りじいさんの動き

ネズミたち、欲張りじいさんの順に、いったん退場する。

優しいおじいさん　——優しいおじいさん、腰にさげた袋からおむすびを出す。
やれやれ疲れた。お昼にしよう。おっと、おむすび落っこちた。

——優しいおじいさん、おむすびを穴（箱）に落とす。

ネズミたち　——ネズミたち、舞台脇で「スットントン」1番を歌う。
♪おむすびころりん　スットントン
おむすびころりん　スットントン

——優しいおじいさん、よく聞こえるように耳に手を当てる。

優しいおじいさん　**おやっ、歌が聞こえるぞ。**

ネズミたち　——ネズミたち、舞台脇でもう一度「スットントン」1番を歌う。
♪おむすびころりん　スットントン
おむすびころりん　スットントン

——優しいおじいさん、おむすびを穴に落とす。

優しいおじいさん　**なになに？　もうひとつ入れてみよう。**

ネズミたち　——ネズミたち、舞台脇で「スットントン」2番を歌う。
♪おじいさんころりん　スットントン
おじいさんころりん　スットントン

優しいおじいさん　**おやおや、わしかい、じいさんかい。**

——優しいおじいさん、「スットントン」2番を歌い、クルクル回りながらAラインに移動して座る。

優しいおじいさん　**♪おじいさんころりん　スットントン**
おじいさんころりん　スットントン

——ネズミたち、「ようこそ」を歌いながら、ポンポンやマラカスを持って登場。Bラインに整列。

ネズミたち　**♪ようこそ　おじいさん　たくさんおむすび　ありがとう**
ネズミの　おまつり　いっしょにあそぼ

ネズミたち　**いらっしゃいませ、おじいさん。ネズミの踊りをお見せしましょう。**

——ネズミたち、ポンポン、マラカスを持ったまま、センターラインに移動。「ネズミのサンバ」を歌い踊る。

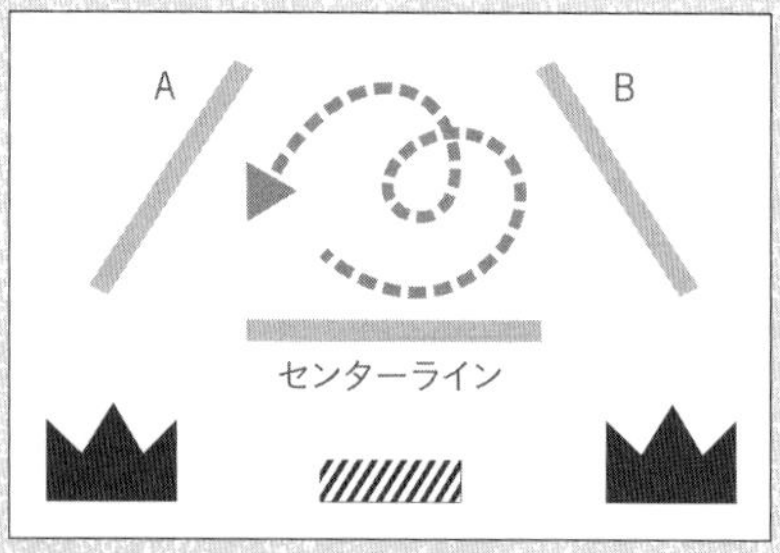

優しいおじいさんの動き

センターラインから回りながら、Aラインに移動する。

ネズミたち　♪ネズミの　おまつりだ　たのしく　おどるよ
チュッチュッチューと　おどれば　ハートも　チュッチュッチュ

踊り方

❶前奏

リズムに合わせて足踏み。

❷♪ネズミの

右を向いて、ポンポン（マラカス）を上下に4回振る。

❸♪おまつりだ

左を向いて、❷の動作。

❹♪たのしく　おどるよ

❷❸を繰り返す。

❺♪チュッ～おどれば

右手を上に斜めに広げて4回振り、次に反対で同じ動作。

❻♪ハートも～チュ

大きく円を描くように、両手を回す。

――ネズミたち、歌と踊りが終わったらBラインに戻る。

優しいおじいさん　こりゃ楽しい。いっしょに踊ろう。

――ネズミたち、Bライン、優しいおじいさん、Aラインの位置で「ネズミのサンバ」を歌い踊る。

ネズミたち・優しいおじいさん　♪ネズミの　おまつりだ　たのしく　おどるよ
チュッチュッチューと　おどれば　ハートも　チュッチュッチュ

――歌と踊りが終わったら、

優しいおじいさん　そろそろ、うちに帰るとしよう。

ネズミたち　楽しかったね、おじいさん。おみやげ持って帰ってね。

――ネズミたち、優しいおじいさん、「さよなら」を歌う。

ネズミたち・優しいおじいさん　♪さよなら　おじいさん　さよなら　ネズミたち
さよなら　さよなら

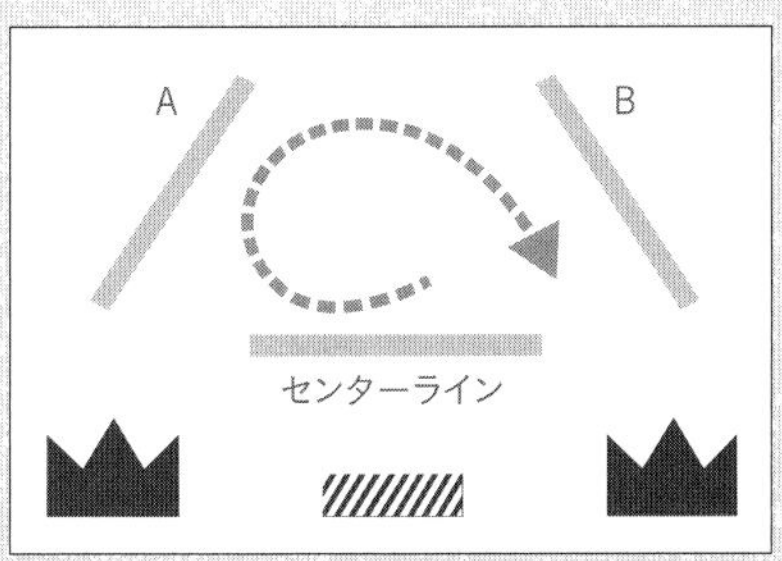

ネズミたちの動き

センターラインで踊り、Bラインに戻る。

——それぞれ一列になって、右手をゆっくり振りながら退場。

欲張りじいさん ●——欲張りじいさん、「欲張りじいさん」を歌いながら登場。（2回繰り返す。）

♪よくばり　じいさんだ
おみやげくれなきゃ　おどかすぞ

——欲張りじいさん、センターラインに立つ。

欲張りじいさん ● **わしもおみやげがほしいぞ！　おむすびを穴に落として、もらいにゆこう。**

——欲張りじいさん、おむすびを穴に落とす。「欲張りじいさん」に合わせ、クルクル回りながらAラインに移動。

欲張りじいさん ● **ネズミよネズミ、出てきなさい！**

——ネズミたち、「ネズミ行進曲」に合わせ、小走りで登場。Bラインに整列。

ネズミたち ● **いらっしゃいませ、おじいさん。ネズミの踊りをお見せしましょう。**

欲張りじいさん ● **踊りなんか見たくない。早くおみやげ持ってこい。早くしないとこうするぞ！**

——欲張りじいさん、手をネコのようにして、

欲張りじいさん ● **ニャーオ！　ニャーオ！**

ネズミたち ● **キャーーーー！**

——ネズミたち、「ネズミ行進曲」に合わせ、慌てて逃げるように退場。欲張りじいさん、追いかけて退場。

——全員、そろって登場し、オープニングと同じ位置に整列。「おしまいの歌」を歌う。

全員 ● **♪やさしい　おじいさん　ネズミと　なかよし**
ステキなおみやげ　もらって　ゆかいにくらしたよ
♪よくばり　おじいさん　ネズミを　おどろかし
おみやげもらえず　まいご　あなからもどれない
♪おむすび　ころりんの　ゆかいな　おはなしは
これですっかり　おしまい　またまたさようなら

（おしまい）

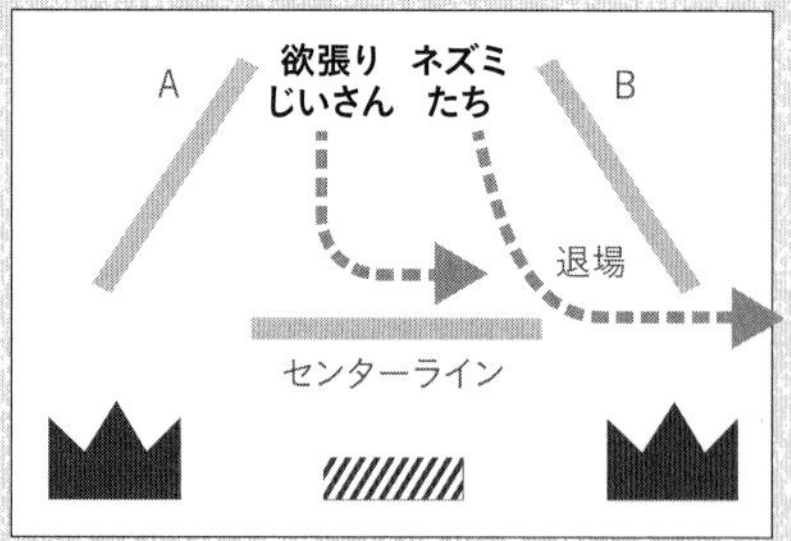

ネズミたちと欲張りじいさんの動き（退場）

ネズミたち、Bラインから退場。
欲張りじいさん、Aラインから追いかけ退場する。

「おむすびころりん」楽譜集

はじまりの歌

［トラックナンバー 43］

C G7 C C F G
コロコロリン コロコロリン おむすび が
G7 C F C
チュウチュ ウ ネズミ の あなの な か おちて おはな し
G C G7 C
はじま る よ コロコロリン コロコロリン おむすびころ りん

しばかりの歌

［トラックナンバー 44］

F C7 F F C7
カンコンコーン カンコンコーン カンコンコーン カンコンコーン
F C F C7 F
おじいさん しばかり せいをだ す カンコンコーン カンコンコーン カンコンコーン カン

スットントン

［トラックナンバー 45］

C G C C G C
1.お む すび ころりん
2.おじいさん ころりん
スットントン
お む すび ころりん
おじいさん ころりん
スットントン

ようこそ

［トラックナンバー 46］

D A7 D D A7
よ うこ そ おじ いさ ん たくさんおむすび
D G D A7 D
ありがとう ネ ズミ の お ま つ り いっ しょにあ そ ぼー

ネズミのサンバ

［トラックナンバー 47］

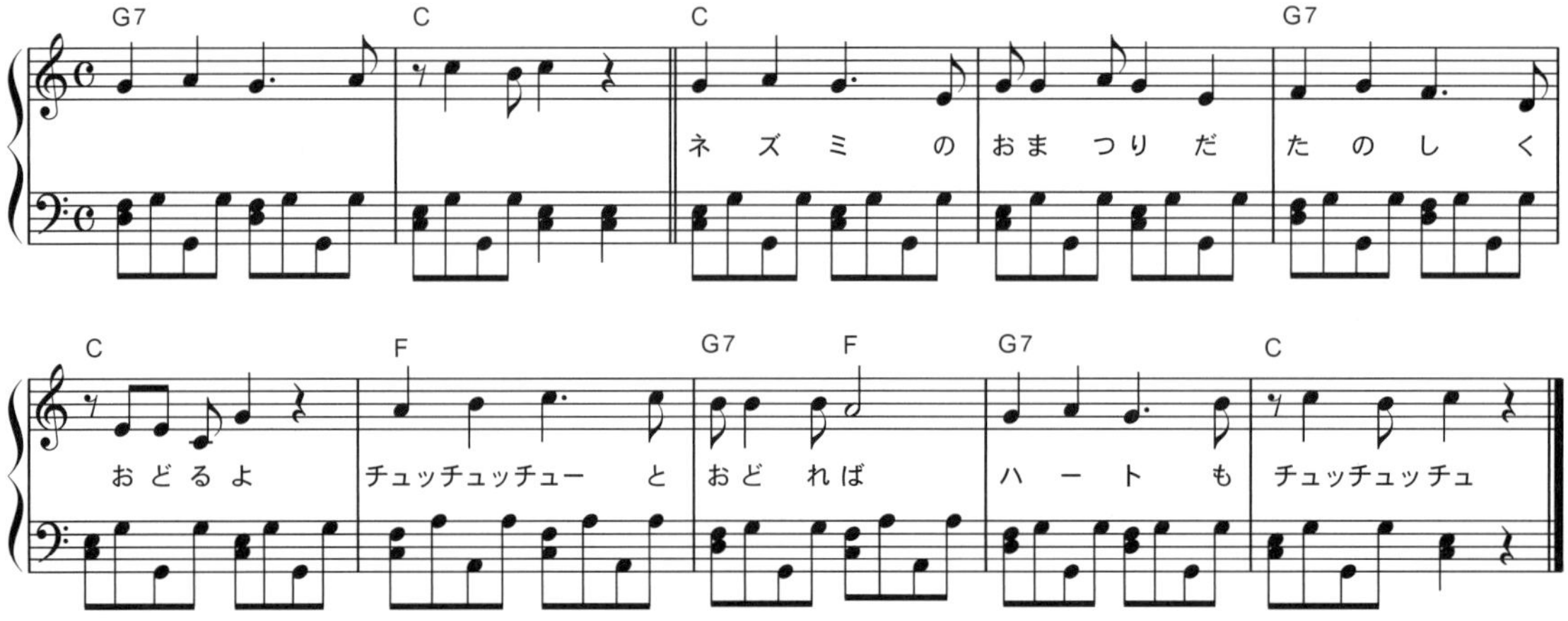
G7 C C G7
ネ ズ ミ の おま つり だ た の し く
C F G7 F G7 C
おどるよ チュッチュッチュー と おど れば ハ ー ト も チュッチュッチュ

さよなら

［トラックナンバー 48］

D A7 D D G D
さ よ な ら おじいさ ん
A7 D A7 D
さ よ な ら ネズミた ち さ よ な ら さ よ な ら

欲張りじいさん

［トラックナンバー 49］

F C F F C F
よ く ば り じいさんだ おみやげくれなきゃ おどかすぞ

ネズミ行進曲

［トラックナンバー 50］

小走りで
C G C

おしまいの歌

［トラックナンバー 51］

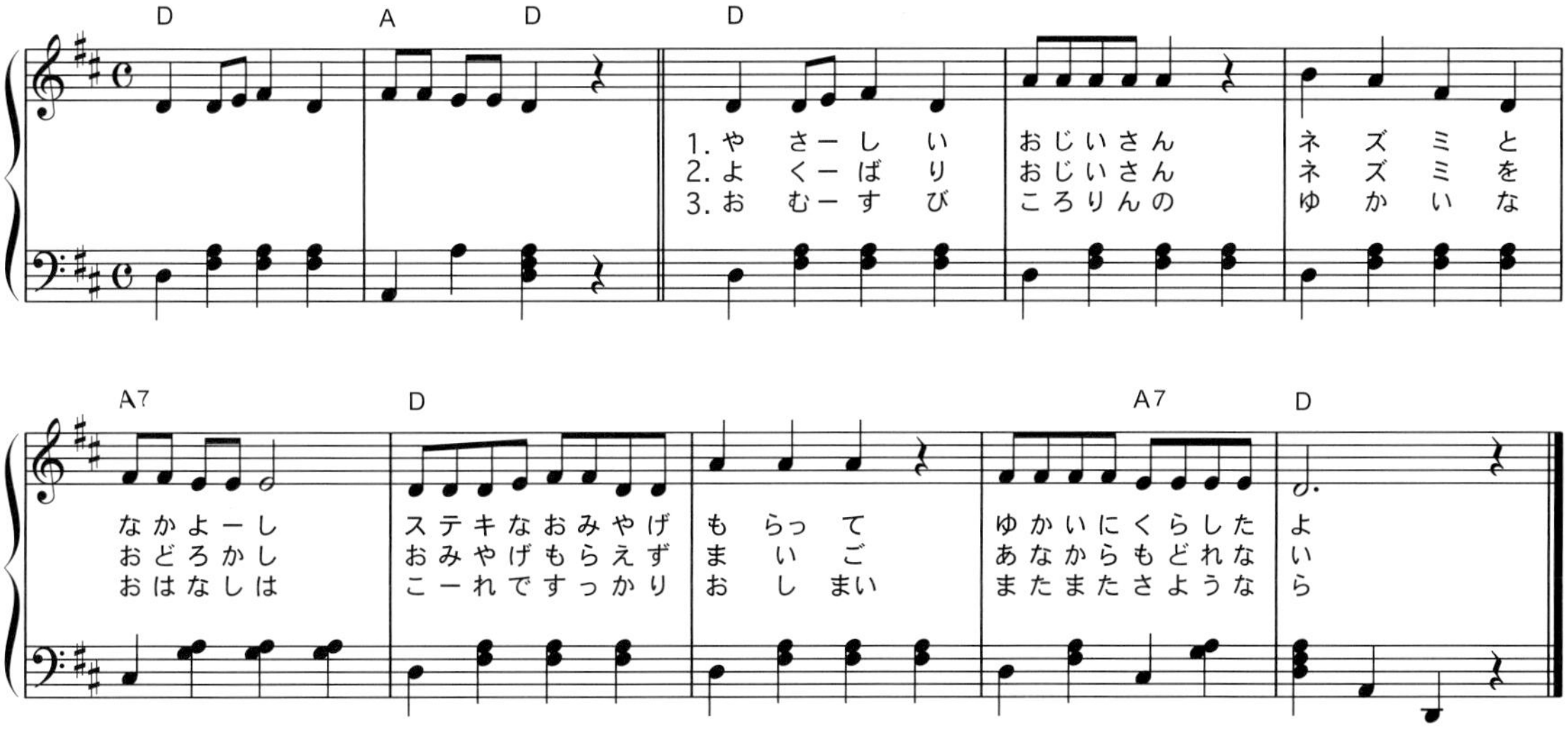
D A D D A7 D A7 D
1. や さー し い おじいさん ネ ズ ミ と なかよーし ステキなおみやげ も らっ て ゆかいにくらした よ
2. よ くー ば り おじいさん ネ ズ ミ を おどろかし おみやげもらえず ま い ご あなからもどれな い
3. お むー す び ころりんの ゆ か い な おはなしは こーれですっかり お し まい またまたさような ら

3～4
歳児向き

こびとと靴屋

心優しい、働き者の靴屋さん。毎日せっせと靴を作ります。ある夜、こびとたちがやってきて、すてきな靴を作ってくれました。

登場人物と衣装

●おじいさん（3～6人）

ボレロ（茶）
渋い色のエプロン
体操服上下

●おばあさん（3～6人）

体操服
渋い色のエプロン
ロングスカート

●お客グループ（各2～10人）

自由な服装

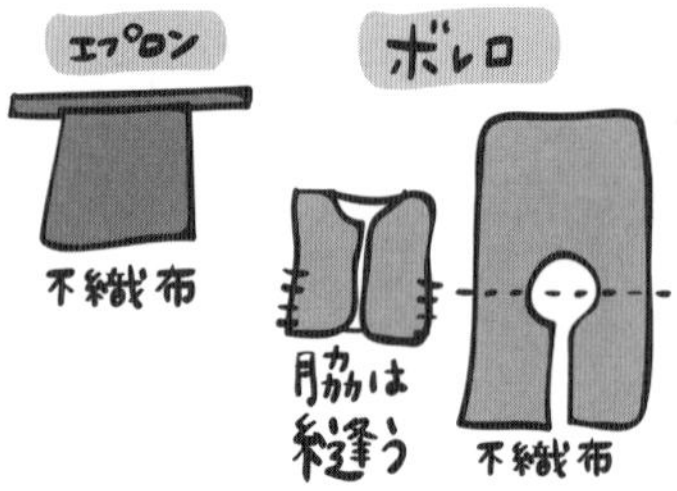

エプロン
不織布
ボレロ
脇は縫う
不織布

●こびと（2～10人）

体操服上下

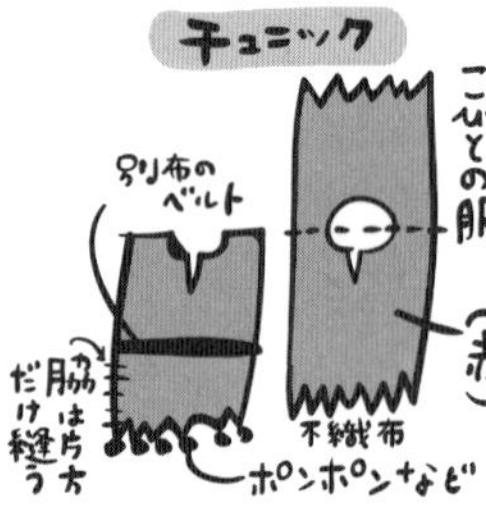

チュニック
こびとの服（赤）
別布のベルト
脇は片方だけ縫う
不織布
ポンポンなど

●ピアノ担当（保育者）

＊参加人数によって、1つの役を複数で演じたり、場面ごとに演じる子を入れ替えたりしてもよいでしょう。

小道具

●おじいさんの靴

上ばきなど

●靴の材料（革）

フェルトなど

●いす（おじいさん・おばあさんの人数分）

●こびとの靴

きれいな色の長ぐつ

●革

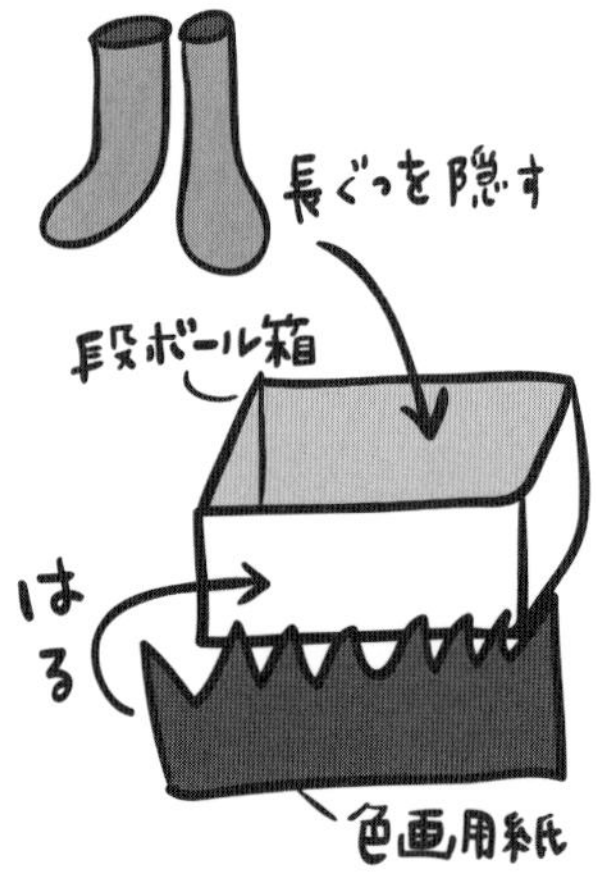

長ぐつを隠す
段ボール箱
はる
色画用紙

舞台設定

いすと革をセットし、靴と革を置く。子どもが動きやすいように、立ち位置を示すカラーテープなどをはっておく。

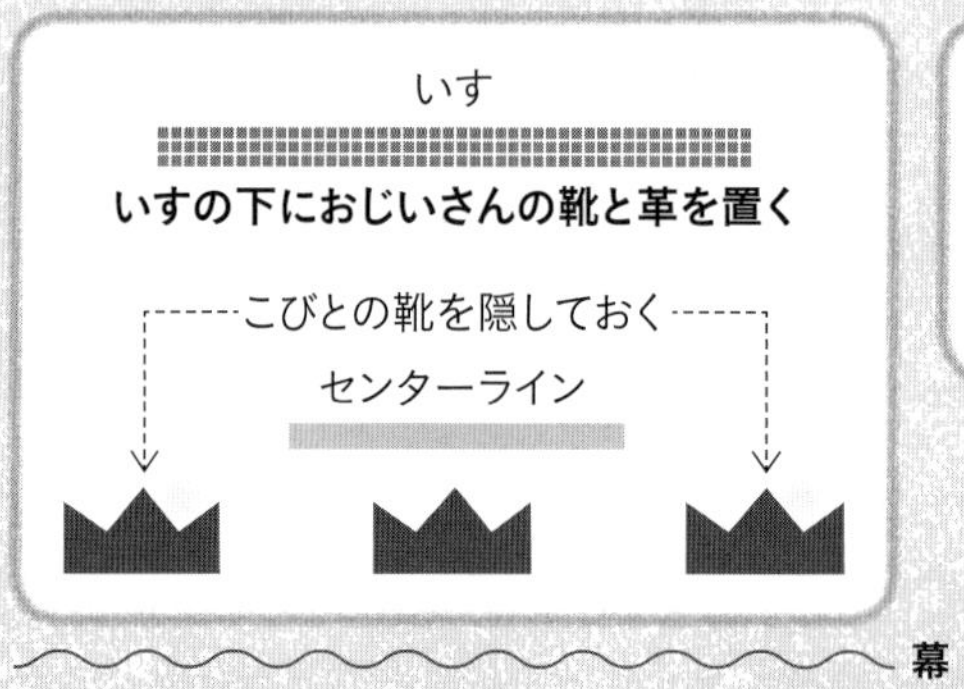

いす
いすの下におじいさんの靴と革を置く
こびとの靴を隠しておく
センターライン
幕

楽譜は57～59ページにあります。

シナリオ

全員・——全員、登場。センターラインに並び、前列は立てひざ、後列は立って並ぶ。
「はじまりの歌」を歌う。

♪むかし　あるところ　まずしいくつやさん
こころ　やさしい　はたらきもの
ちいさな　しあわせ　かんしゃして
きょうも　くつを　つくっています
♪よなか　やってきた　かわいいこびとたち
こっそり　つくった　ステキなくつ
しあわせ　はこんで　きえました
こびとと　くつやの　おはなしです

——こびとたち、お客グループA・B、歌が終わったら退場。

——おじいさん、おばあさん、いすに移動。いすの下から靴を取り出す。
靴を見ながら、

おじいさん・**ヤレヤレ、やっと靴ができましたよ。**

おばあさん・**ハイハイ、みごとな靴ですね。**
＊おじいさん、おばあさん役が複数人いる場合、「ヤレヤレ」「ハイハイ」を、リーダーが言い、その後に続く言葉をみんなで言う。

おじいさん・**いらっしゃいませ、いらっしゃい。**

おばあさん・**靴を買ってくださいな。**

——おじいさん、おばあさん、靴を持っていすに座る。

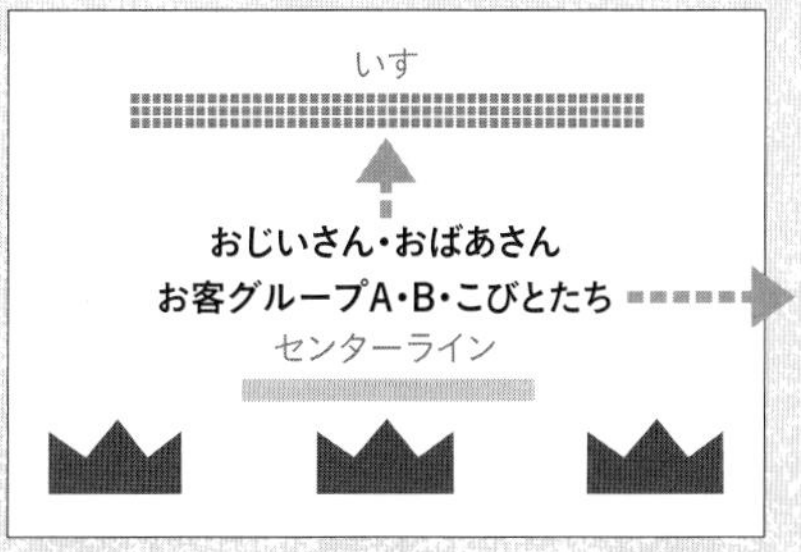

おじいさん・おばあさんの動き
歌が終わったら、いすに移動する。

こびとたちとお客グループ A・B の動き
歌が終わったら、いったん退場する。

お客グループA

――お客グループA、「お客さんの歌」の前奏に合わせて登場。センターラインに整列し、1番を歌い踊る。

♪くつやさんが　つくったくつ　ステキなくつ
だけど　ゴメンネいりません

踊りかた

❶前奏
軽やかに歩いて入場。

❶♪くつやさんが～くつ
片手指さしを繰り返して足踏み。

❸♪ステキ～だけど
両手をキラキラさせて足踏み。

❹♪ゴメンネいりません
おじぎをして、片手をイヤイヤするように振る。

――お客グループA、歌と踊りが終わったら、「お客さんの歌」に合わせて退場。

お客グループB

――お客グループB、同様に繰り返す。

♪くつやさんが　つくったくつ　ステキなくつ
だけど　ゴメンネいりません

――その後、グループA・B、もう1回ずつ繰り返す。

おじいさん・おばあさん

――おじいさん、おばあさん、靴を持って、いすの前に立つ。「日が暮れて夜」を歌う。

♪くつは　うれない　かわも　のこりいちまい
♪あしたは　うれるよ　きょうは　おやすみ

――おじいさん、おばあさん、革（いすの下）をいすの上に置き、靴を持って退場。

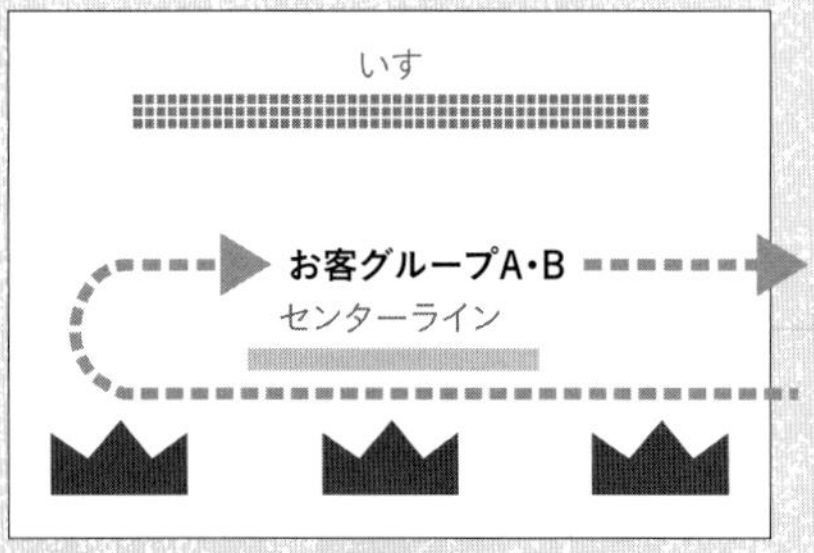

お客グループ A・B の動き
センターラインに並び、
歌い踊ったら退場を繰り返す。

こびとたち

――こびとたち、「こびと行進曲」に合わせて登場。センターラインに整列し、「靴作りの歌」を歌い踊る。

♪トントントン　トントントン　かなづちトントン
キュッキュッキュッ　キュッキュッキュッ　いとでぬいます
トントントン　トントントン　できあがり

踊りかた

❶前奏

ひざでリズムを取る。

❷♪トントントン〜トントン

2人で向かい合い、両手を打ち合わせる。

❸♪キュッキュッキュッ〜ぬいます

向かい合ったまま両手をつなぎ、交互に押したり引いたりする。

❹♪トントントン〜できあがり

2人で向かい合い、両手を打ち合わせる。
「♪り」でバンザイ。

――こびとたち、歌と踊りが終わったら、草の陰に隠しておいた靴を取り出し、いすの上に置く。「こびと行進曲」に合わせて、革を持って退場。

――おじいさん、おばあさん、「靴屋さん行進曲」に合わせて登場し、センターラインに整列する。

おじいさん　**不思議だ、不思議だ。靴があるぞ。**

おばあさん　**おやまあ、なんてステキな靴でしょう。**

――おじいさん、おばあさん、靴を手に取りいすに座る。

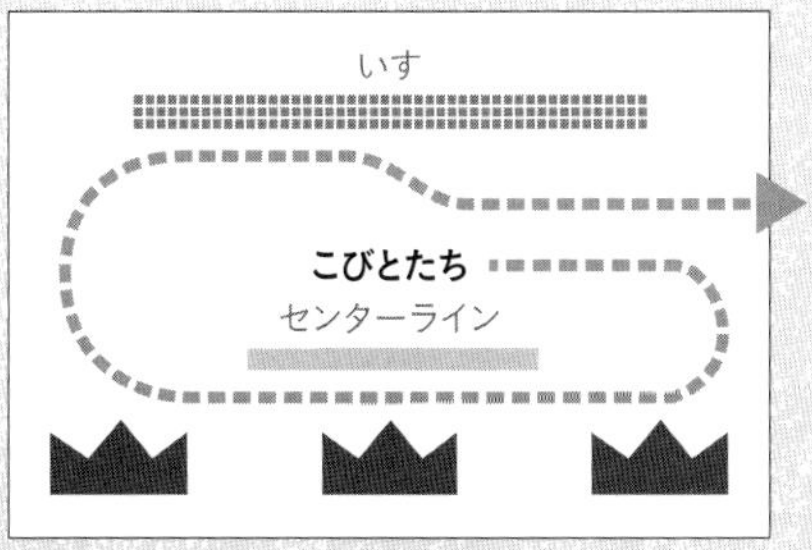

こびとたちの動き

センターラインで踊り、草へ移動。
草の陰から、靴を取り出していすに置き、革を持って退場する。

お客グループA　——お客グループA、「お客さんの歌」の前奏に合わせて登場。センターラインに整列し、「お客さんの歌」2番を歌い踊る。

♪くつやさんが　つくったくつ　ステキなくつ
だから　わたしがかいましょう

踊りかた

❶前奏

軽やかに歩いて登場。

❷♪くつやさんが〜くつ

片手指さしを繰り返して足踏み。

❸♪ステキ〜だから

両手をキラキラさせて足踏み。

❹♪わたしがかいましょう

片手ずつ前に出す。

お客グループA　このくつ、いくらですか？

——お客グループB、同様に登場し、歌い踊る。

お客グループB　♪くつやさんが　つくったくつ　ステキなくつ
だから　わたしがかいましょう

お客グループB　このくつ、いくらですか？

——おじいさん、おばあさん、いすから立ち上がり、靴をお客に渡す。

おじいさん　靴が売れましたね。不思議、不思議。

おばあさん　作ったのはだーれ？　ぜひお礼がしたいですね。

——おじいさん、おばあさん、お客グループA・B、「靴屋さん行進曲」に合わせて退場。

こびとたち

——こびとたち、「こびと行進曲」に合わせて登場。センターラインに整列し、「靴作りの歌」を歌い踊る。

♪トントントン　トントントン　かなづちトントントン
キュッキュッキュッ　キュッキュッキュッ　いとでぬいます
トントントン　トントントン　できあがり

——こびとたち、歌と踊りが終わったら「こびと行進曲」に合わせて退場。

——おじいさん、おばあさん、こびとたちの洋服を持ち、「靴屋さん行進曲」に合わせて登場。洋服をいすに置き、「靴屋さん行進曲」に合わせて静かに退場。

＊退場のときのピアノは、弱めの音「メゾピアノ」または「ピアノ」くらいのタッチで弾く。

こびとたち

——こびとたち、「こびと行進曲」に合わせて登場。いすの上にある洋服を手にとって、センターラインに整列。「洋服ありがとう」を歌い踊る。

♪ワーイワーイ　ようふくだ　くつやさん
しあわせわけっこ　うれしいな　ありがと　それではごきげんよう

踊りかた

❶前奏

ひざでリズムを取る。

❷♪ワーイ～くつやさん

両手で洋服を持ち、左右に振る。

❸♪しあわせ～うれしいな

その場で一回りする。

❹♪それではごきげんよう

その場で反対に一回りする。

――こびとたち、洋服を持って「こびと行進曲」に合わせて退場。

――お客グループA・B、「お客さんの歌」に合わせて登場。センターラインに整列し、「お客さんの歌」2番を歌い踊る。

お客グループA・B

♪くつやさんが　つくったくつ　ステキなくつ
だから　わたしがかいましょう

――歌と踊りが終わったら、オープニングと同じ位置で待つ。

――おじいさん、おばあさん、「靴屋さん行進曲」に合わせて登場。オープニングと同じ位置に整列する。

――こびとたち、最後にもらった服を着て「こびと行進曲」に合わせて登場。オープニングと同じ位置に並ぶ。

――全員、「はじまりの歌」を歌う。

全員

♪むかし　あるところ　まずしいくつやさん
こころ　やさしい　はたらきもの
ちいさな　しあわせ　かんしゃして
きょうも　くつを　つくっています
♪よなか　やってきた　かわいいこびとたち
こっそり　つくった　ステキなくつ
しあわせ　はこんで　きえました
こびとと　くつやの　おはなしです

（おしまい）

♪こびととくつやのおはなしです♪

「こびとと靴屋」楽譜集

はじまりの歌

［トラックナンバー 52］

C G7 C Csus4 C C G7
1. む か し あ る と こ ろ
2. よ な か や っ て き た
C G C G C Csus4 C G
ま ず し い く つ や さ ん こ こ ろ や さ し い は た ら き も の ち い さ な
か わ い い こ び と た ち こ っ そ り つ く っ た ス テ キ な く つ し あ わ せ
G C F C Csus4 C
し あ わ せ か ん しゃ し て き ょ う も く つ を つ く っ て い ま す
は こ ん で き え ま し た こ び と と く つ や の お は な し で ー す

お客さんの歌

［トラックナンバー 53,54］

D A7 A D D
1. く つ や さ ん が
2. く つ や さ ん が
(Fine①)
D A7 D A7 D
つ く っ た く つ ス テ キ な く つ だ け ど ゴ メ ン ネ い り ま せ んー
つ く っ た く つ ス テ キ な く つ だ か ら わ た し が か い ま しょ うー
2.セリフ
「このくつ、
いくらですか?」
(D.C①)
(Fine②)

※１(fine①)は、１番のみを歌う時の終わりの位置を表す。
※２(fine②)は、２番のみを歌う時の終わりの位置を表す。

日が暮れて夜

［トラックナンバー 55］

こびと行進曲

［トラックナンバー 56］

靴作りの歌

［トラックナンバー 57］

靴屋さん行進曲

［トラックナンバー 58］

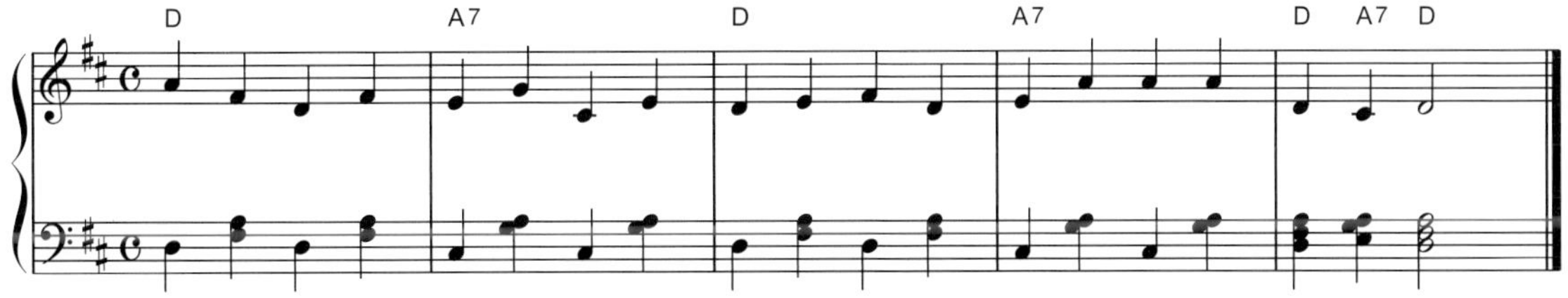
D
A7
D
A7
D A7 D

洋服ありがとう

［トラックナンバー 59］

D
A7
D
D
ワー イワー イ
ようふくだ
D
A7
D
G D
D A7
D
あ りが と
くつやさん
しあわせわけっ こ
うれしいな
それではごきげん
よう

COLUMN ❸

「オペレッタの指導ポイント」

1 ストーリーを頭の中でイメージできるように、普段の活動で絵本を読んだり、歌を楽しんだりを繰り返し、お話の中で役になりきれるようにしましょう。

2 役に関係なく、ストーリーの中の順番どおりに、「○○が ×× しているときにうたう歌です」と説明しながら、全員で歌を覚えましょう。

3 せりふは、保育者が言うのを復唱し、練習します。全員で声をそろえて言う場面は、合図係が床をトンと打ったらせりふを言うなど、決めておきましょう。

4 おおよそ覚えたら、舞台をイメージして、立ち位置や出入り、移動などの練習をします。

5 少しでもがんばる様子が見られたら、その場で大いに褒めましょう。

6 子どもの動きがよく見えるように、動作は大きめに。せりふはただ立って言うだけでなく、「せりふの気持ち」を動作とともに表現するようにしましょう。

てぶくろ

4~5歳児向き

森の中でおじいさんが落とした手袋。ネズミにウサギにキツネ…動物たちが次々と入ってはちきれそう。そこにクマまで入ろうとします。

登場人物と衣装

●ネズミ（3人）
お面ベルト
大きな耳
色画用紙
ボレロ（水色）
●カエル（3人）
目
ボレロ（緑）
●ウサギ（3人）
長い耳
ボレロ（白）
●キツネ（3人）
三角耳
ボレロ（黄）
●オオカミ（3人）
大きな三角耳
ボレロ（灰色）
●イノシシ（3人）
三角の折耳
ボレロ（オレンジ色）
●クマ（3人）
小さな耳
ボレロ（茶色）
●ピアノ担当（保育者）
●背景
段ボールにかく
はる
段ボール三角柱のつい立て
ボレロ
不織布
脇は縫う
お面ベルト
輪ゴム
ホッチキスでとめてピンはセロハンテープでカバー
工作用紙
耳つける
※耳はボレロと同色の色画用紙

＊参加人数によって、1つの役を複数で演じたり、場面ごとに演じる子を入れ替えたりしてもよいでしょう。

舞台設定

背景に大きな手袋の絵をセットし、子どもたちが動きやすいように、立ち位置を示すカラーテープなどをはっておく。

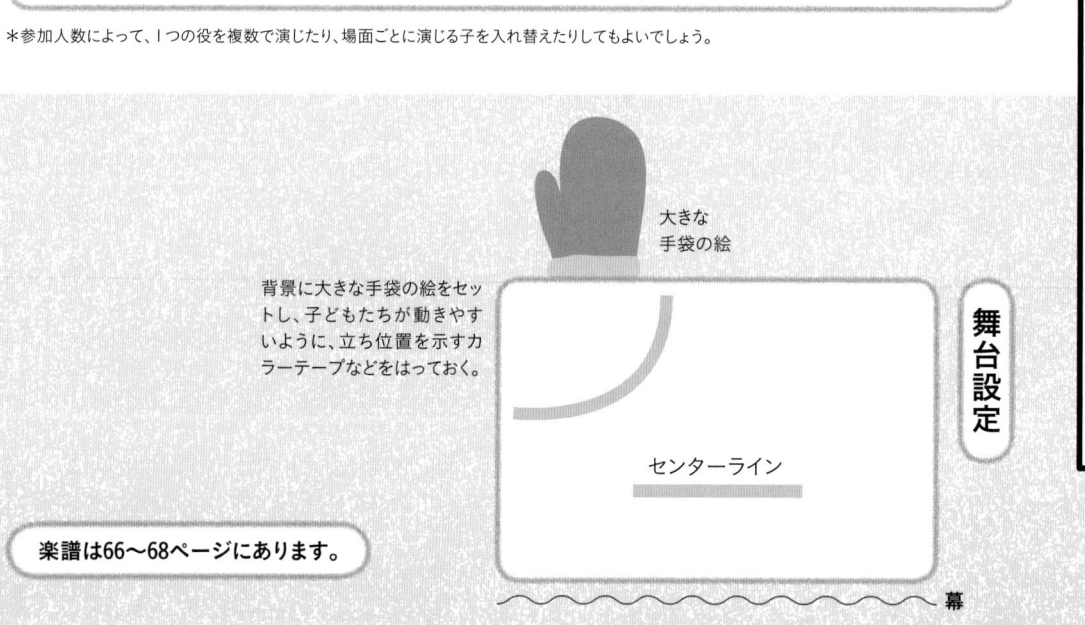

大きな手袋の絵
センターライン
幕

楽譜は66〜68ページにあります。

シナリオ

全員

――全員、舞台に整列して待機（前列、立てひざ、後列、直立）。幕が上がったら、「てぶくろ落としたよ」を歌い踊る。

♪ちらちらちらり　もりにゆきふる　どうぶつたちも　ふるえてる
イヌとさんぽの　おじいさん　てぶくろおとして　いきました
♪ちらちらちらり　もりにゆきふる　どうぶつたちは　みてました
てぶくろのなかは　あたたかそう　からだもほっこり　するだろな

――全員、歌い終わったら退場。

踊りかた

1番 ❶♪ちらちらちらり　もりにゆきふる

両手をきらきらさせながら、体の前で交差し、2周する。

❷♪どうぶつたちも　ふるえてる

こぶしを体の前で合わせて左右にふる。

❸♪イヌとさんぽの　おじいさん

手袋側を指でさす。

❹♪てぶくろおとして　いきました

その場で足踏み。

2番 ❺♪からだもほっこり　するだろな

胸の前で両手をクロスし、次に両手を体前に出す。2回繰り返す。

ネズミ全員

――ネズミ全員、「あったかそう」1番を歌い、1人ずつスキップしながら登場。センターラインに並ぶ。

♪てぶくろてぶくろ　あったかそう

ネズミA　——ネズミA、トントントンとノックして、ヤッホーのポーズをする。
トントントン。だれかいますか？

ネズミB　——ネズミB、内緒話のように、片手を耳に当てる。
ウンウンウン。返事がない。

ネズミC　——ネズミC、片手を腰、反対の手を胸に当てる。
いないなら、はーいろっと！

——ネズミ全員、手袋の前にかたまって体操座り。

——カエル全員、「あったかそう」2番を歌い、1人ずつスキップしながら登場。センターラインに並ぶ。

カエル全員　**♪てぶくろほんわか　あったかそう**

カエルA　——カエルA、トントントンとノックして、ヤッホーのポーズをする。
トントントン。だれかいますか？

カエルB　——カエルB、内緒話のように、片手を耳に当てる。
ウンウンウン。その声はネズミくんかい？

カエルC　——カエルC、リズミカルに片手で指さしを繰り返す。反対の手は腰におく。
ぼくも入れとくれ。

ネズミ全員　——ネズミ全員、体操座りのまま、声をそろえて言う。
ハイハイ、いいですよ。

——カエル全員、手袋の前にかたまって体操座り。

——ウサギ全員、「あったかそう」3番を歌い、1人ずつスキップしながら登場。センターラインに並ぶ。

ウサギ全員　**♪てぶくろほかほか　あったかそう**

ウサギA　——ウサギA、トントントンとノックして、ヤッホーのポーズをする。
トントントン。だれかいますか？

ウサギB　——ウサギB、内緒話のように、片手を耳に当てる。
ウンウンウン。その声はネズミくんとカエルくんね。

ウサギC　――ウサギC、片手を腰、反対の手を胸に当てる。
わたしも入っていいかしら。

ネズミ・カエル全員　――ネズミ、カエル全員、体操座りのまま、声をそろえて言う。
ハイハイ、いいですよ。

――ウサギ全員、手袋の前にかたまって体操座り。

キツネ全員　――キツネ全員、「あったかそう」4番を歌い、1人ずつスキップしながら登場。センターラインに並ぶ。
♪ぷっくりてぶくろ　あったかそう

キツネA　――キツネA、トントントンとノックして、ヤッホーのポーズをする。
トントントン。だれかいますか?

キツネB　――キツネB、内緒話のように、片手を耳に当てる。
ウンウンウン。その声はとってもにぎやかね。

キツネC　――キツネC、リズミカルに片手で指さしを繰り返す。反対の手は腰におく。
それではわたしも入りましょう。

ネズミ・カエル・ウサギ全員　――ネズミ、カエル、ウサギ全員、体操座りのまま、声をそろえて言う。
ハイハイ、いいですよ。

――キツネ全員、手袋の前にかたまって体操座り。

――オオカミ全員、「不思議なてぶくろ」1番を歌い、片手をあごの下に当て、反対の手は、あごに当てた手のひじの下に当てて、不思議そうなポーズをとり、登場。センターラインに並ぶ。

オオカミ全員　**♪もぞもぞもぞもぞ　うごいてる　ふしぎなてぶくろ　あったかそう**

――オオカミA、トントントンとノックして、ヤッホーのポーズをする。

オオカミA　**トントントン。だれがいるんだい。**

――オオカミB、内緒話のように、反対の手を耳に当てる。

オオカミB　**ウンウンウン。その声はネズミにカエルにウサギにキツネ。**

――オオカミC、片手を腰、片手を胸に当てる。

オオカミC　**どれどれ、わたしも入るとしよう。**

ネズミ・カエル・ウサギ・キツネ全員

――ネズミ、カエル、ウサギ、キツネ全員、体操座りのまま、声をそろえて言う。

いやいやたいへん、もうきつい。

オオカミ全員

――オオカミ全員、手袋の前にかたまって、体操座り。

――ネズミ、カエル、ウサギ、キツネ、オオカミ全員、両手を体の後ろに組んで、「てぶくろの中」1番を歌う。

ネズミ・カエル・ウサギ・キツネ・オオカミ全員

♪ひゅるひゅるかぜが　ふいている　てぶくろみつけた　どうぶつは
つぎつぎ　はいって　てぶくろの　なかでからだを　あたためる

――イノシシ全員、「不思議なてぶくろ」2番を歌い、片手をあごの下に当て、反対の手は、あごに当てた手のひじの下に当てて、不思議そうなポーズをとり、登場。センターラインに並ぶ。

イノシシ全員

♪ぎゅうぎゅうぎゅうぎゅう　ふくらんだ
ふしぎなてぶくろ　あったかそう

――イノシシA、トントントンとノックして、ヤッホーのポーズをする。

イノシシA　**トントントン。だれがいるんだい。**

――イノシシB、内緒話のように、片手を耳に当てる。

イノシシB　**ウンウンウン。その声は……オオカミくんもいるんだね。**

――イノシシC、リズミカルに片手で指さしを繰り返す。反対の手は腰におく。

イノシシC　**それじゃ、わたしも入ろうか。**

――ネズミ、カエル、ウサギ、キツネ、オオカミ全員、体操座りのまま、声をそろえて言う。

ネズミ・カエル・ウサギ・キツネ・オオカミ全員

いやいやたいへん、もうきつい。

――イノシシ全員、手袋の前にかたまって体操座り。

――クマ、「不思議なてぶくろ」3番を歌い、片手をあごの下に当て、反対の手は、あごに当てた手のひじの下に当てて、不思議そうなポーズをとり、登場。センターラインに並ぶ。

クマ全員

♪パンパンパンパン　まんまるい
ふしぎなてぶくろ　あったかそう

――クマA、トントントンとノックして、ヤッホーのポーズをする。

クマA　**トントントン。だれがいるんだい。**

クマB・――クマB、内緒話のように、片手を耳に当てる。
ウンウンウン。その声は……イノシシくんもいるのかい。
――クマC、片手を腰、片手を胸に当てる。

クマC・**わたしも入るぞ、手袋に！**
――全員、オープニングの時と同様に、2列に整列し、軽く左右に揺れながら、「てぶくろの中」2番を声をそろえて歌う。

全員・**♪つめたいゆきが　ふりつづく　てぶくろのなかは　たくさんの**
なかまがぎゅうぎゅう　きついけど　ほっこりからだは　あたたかい
――全員、「てぶくろぎゅうぎゅう」を歌う。手をつないで大きな輪を作り、ぐるぐる回る（一番）、手袋の前にかたまって体操座り（2番）。

全員・**♪てぶくろまんいん　ぎゅうぎゅうぎゅう　つめたいからだを　あたためる**
ゆきみちのうえで　ぽっつりと　もぞもぞごそごそ　うごいてる
♪てぶくろまんいん　ぎゅうぎゅうぎゅう　パンパンいまにも　はちきれそう
ゆきみちのうえで　ぽっつりと　みつけてワンワン　とりにきた
――ほかの保育者や子どもたちに手伝ってもらい、「ワンワン」の音と一緒にいう。

ピアノ・**ワンワンワン　ワンワンワン　ワンワンワン　ワーン**

男子全員・**びっくりびっくりイヌの声！**

女子全員・**まあまあたいへん。逃げましょう。**
――全員、「逃げろ 逃げろ」に合わせて舞台の中央で各自右往左往する。

全員・**逃げろ逃げろ。**
――全員、「フィナーレ」をオープニングと同様に並んで歌う。

全員・**♪さむいふゆの　おはなし　てぶくろだけが　しっている**
もりのなかであった　ふしぎなふゆのおはなし
これでおわり　さようなら

（おしまい）

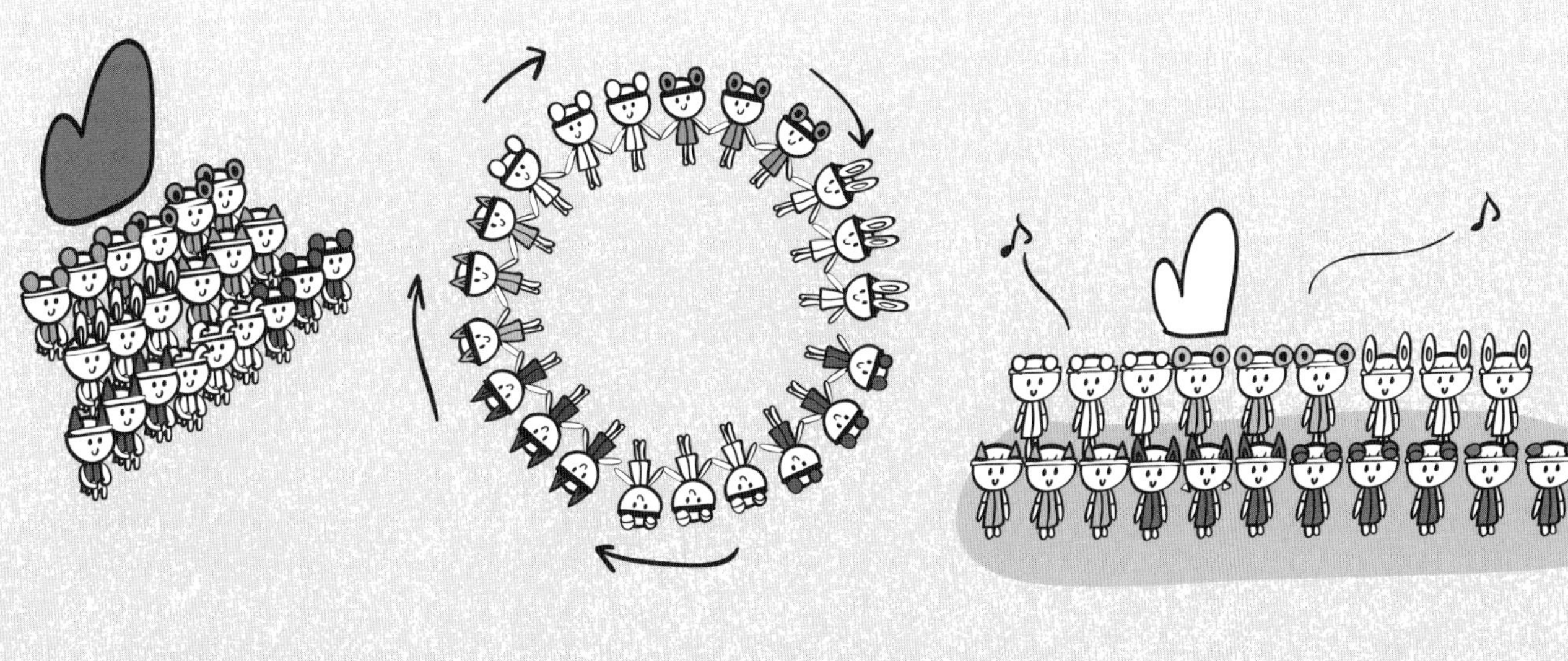

「てぶくろ」楽譜集

てぶくろ落としたよ

［トラックナンバー 60］

C Fm E G C C G C F C
1.2.ちらちらちらり
もりにゆきふる
1.どうぶつたちも
2.どうぶつたちは
G C G7 C F C Fm Csus4 C
ふるえてる
みてました
イヌとさんぽの
てぶくろのなかは
おじいさん
あたたかそう
てぶくろおとして
からだもほっこり
いきました
するだろな

あったかそう

［トラックナンバー 61］

Am
ネズミ
カエル
ウサギ
キツネ
1.てぶくろてぶくろ
2.てぶくろほんわか
3.てぶくろほかほか
4.ぷっくりてぶくろ
あったかそう

不思議なてぶくろ

［トラックナンバー 62］

C G7 C F C C G C G7 C G7 C
オオカミ
イノシシ
クマ
1.もぞもぞもぞもぞ
2.ぎゅうぎゅうぎゅうぎゅう
3.パンパンパンパン
うごいてる
ふくらんだ
まんまるい
ふしぎなてぶくろ
あったかそう

てぶくろの中

［トラックナンバー 63］

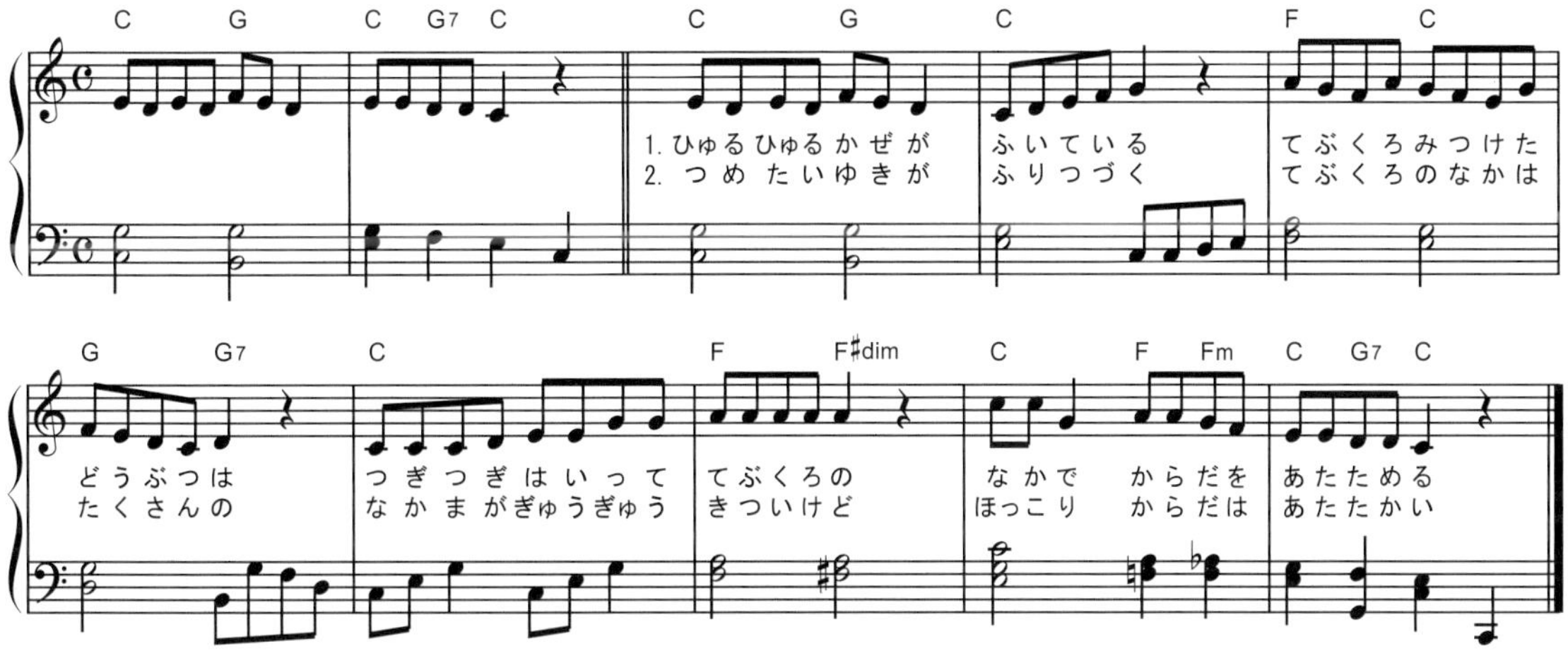

てぶくろぎゅうぎゅう

［トラックナンバー 64］

ワンワン

［トラックナンバー 65］

逃げろ 逃げろ

［トラックナンバー 66］

F
C7
F

フィナーレ

［トラックナンバー 67］

D
D
A7
D
さ む い ふ ゆの お は な し て ぶ く ろ だ け が
A7
D
G
D
A7
D
しっ て い る も り の な かで あ っ た ふしぎ な ふ ゆ の
A7
D
G
D A7 Dsus4 D
お は な し こ れ で お わ り さよう な ら
rit.

4~5
歳児向き

3匹のヤギ

おなかをすかせた大ヤギ、中ヤギ、小ヤギの3匹。怖いトロルがいるけれど、勇気を出して、おいしい草を探しに出かけます。

登場人物と衣装

●小ヤギ（2〜5人）

●中ヤギ（2〜5人）

●大ヤギ（2〜5人）

●トロル（2〜5人）

●ピアノ担当（保育者）

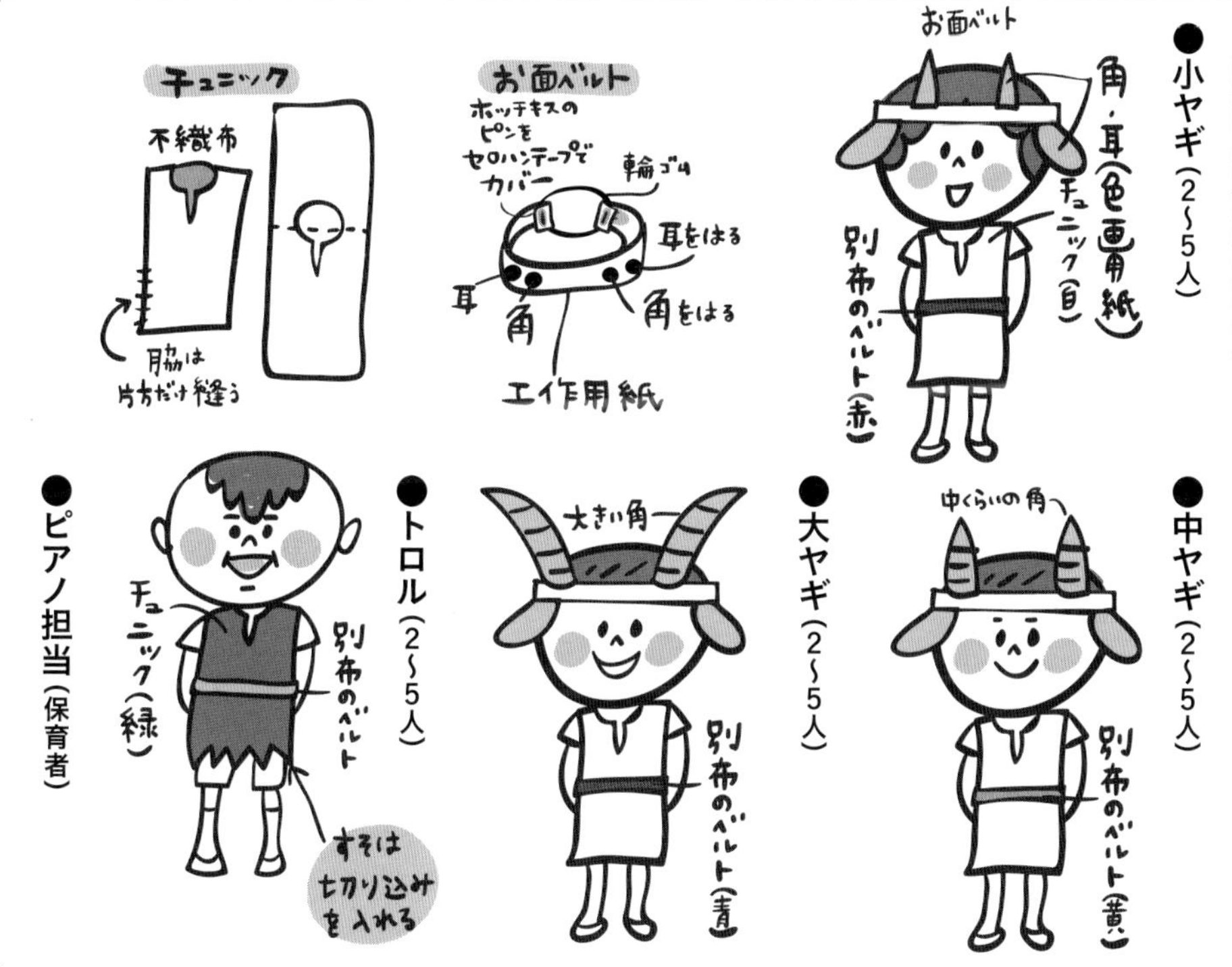
チュニック
不織布
脇は片方だけ縫う
お面ベルト
ホッチキスのピンをセロハンテープでカバー
輪ゴム
耳をはる
耳
角
角をはる
工作用紙
お面ベルト
角・耳（色画用紙）
チュニック（白）
別布のベルト（赤）
中くらいの角
別布のベルト（黄）
大きい角
別布のベルト（青）
チュニック（緑）
別布のベルト
すそは切り込みを入れる

＊参加人数によって、配役の人数を増やしたり、場面ごとに演じる子を入れ替えたりしてもよいでしょう。

小道具

●橋

●背景（山）

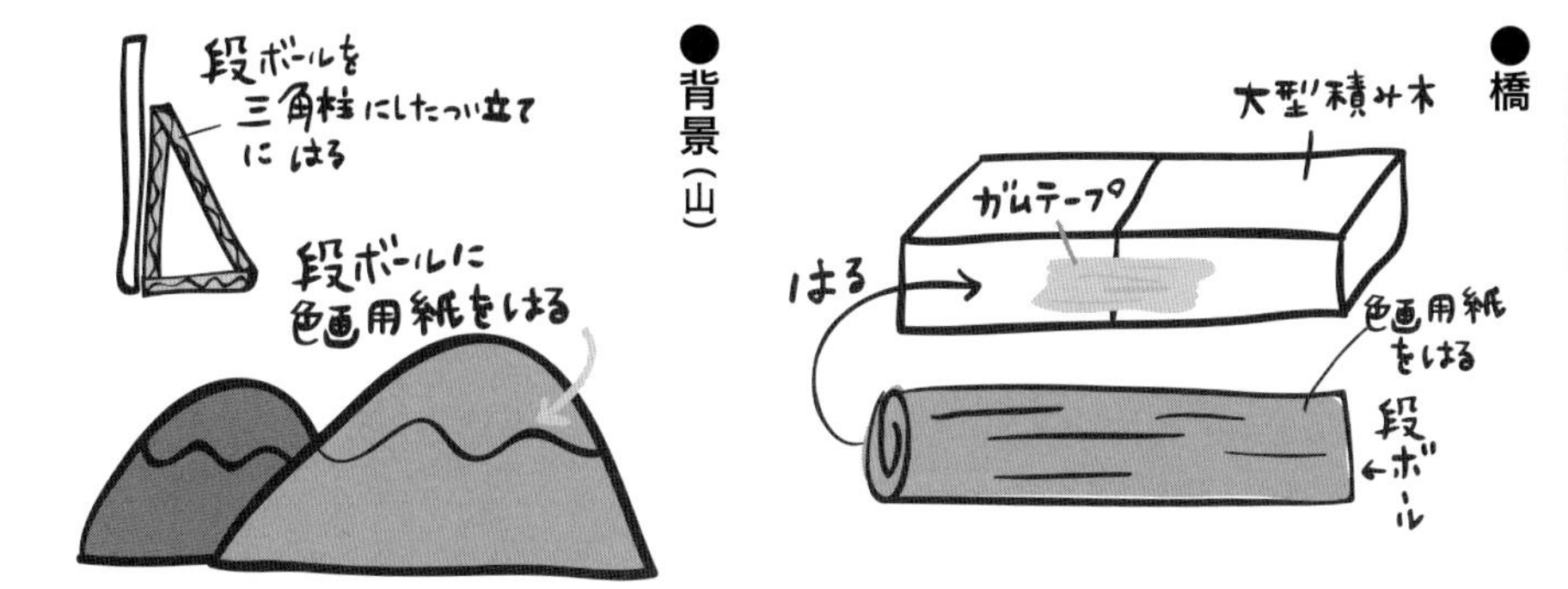
段ボールを三角柱にしたつい立てにはる
段ボールに色画用紙をはる
大型積み木
ガムテープ
はる
色画用紙をはる
段ボール

舞台設定

背景の山と橋をセットし、子どもが動きやすいように、立ち位置を示すカラーテープなどをはっておく。

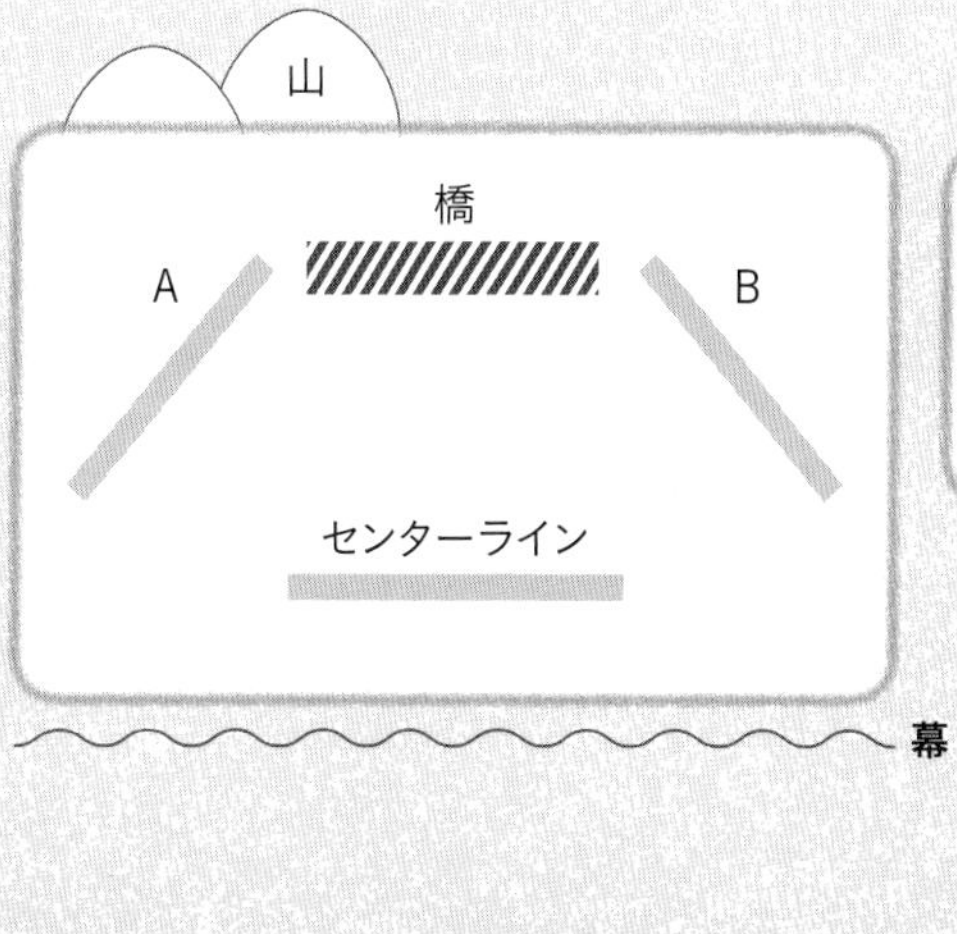
山
橋
A
B
センターライン
幕

楽譜は73〜75ページにあります。

シナリオ

全員
――全員、登場。センターラインに並び、前列は立てひざ、後列は立って並ぶ。
「はじまりの歌」を歌う。
♪むかしむかし　さんびきの　ヤギがおなかを　すかしてた
こわいトロル　いるけれど　くさをさがしに　でかけます
♪だけどやまの　てまえには　トロルすんでる　かわがある
どうしてはしを　わたろうか　ちえとゆうきで　すすみます

――トロル、歌が終わったら退場。

――ヤギ全員、立ちあがる。

小ヤギ　おなかがすいたね。

中ヤギ　トロルが出たら怖いなあ。

大ヤギ　だいじょうぶ。お兄ちゃんに任せなさい。

――ヤギ全員、「ヤギの行進曲1」を歌いながら行進。舞台を1周して
Aラインに並ぶ。

ヤギ全員
♪げんきだして　いこう　おいしい　くさたべに
♪げんきだして　いこう　トロルは　こわいけど

小ヤギ　川に着いたよ。

中ヤギ　ドキドキするね。

大ヤギ　怖がらなくてだいじょうぶ。順番に行こう。

――中ヤギと大ヤギ、その場に座る。

――小ヤギ、「ヤギの行進曲2」を歌いながら、恐る恐る橋の上に並ぶ。

小ヤギ
♪げんきだして　いこう　おいしい　くさたべに
♪げんきだして　いこう　トロルは　こわいけど

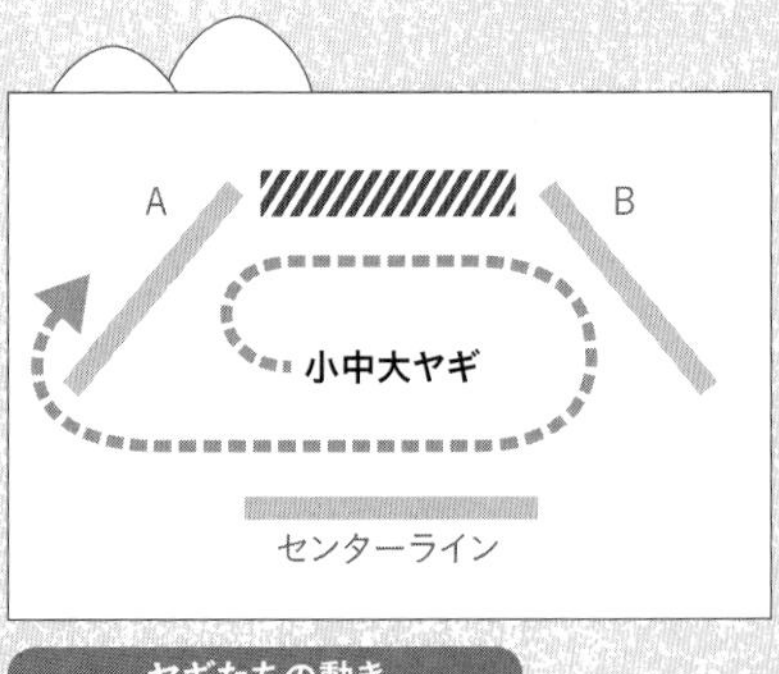

ヤギたちの動き

センターラインからステージを1周し、
Aラインに移動する。

トロル　——トロル、「ばけものトロルの歌」を歌いながら、力強く踏み鳴らすような足取りで登場。Bラインに整列。

♪ばけものトロル　おいらだぞ

トロル　**だれだだれだ、おいらの橋をわたるのは！**

小ヤギ　**ぼくだよぼくだよ。小さいヤギさ。**

トロル　**パクリと食べちゃうぞ。**

小ヤギ　**後から大きいのが来るから食べないで。**

トロル　**それじゃ、さっさと行っちまえー。**

小ヤギ　**さようならー。**

——小ヤギ、退場。

——トロル、「ばけものトロルの歌」に合わせ、力強く踏み鳴らすような足取りで退場。

——中ヤギ、「ヤギの行進曲3」を歌いながら橋の上に並ぶ。

中ヤギ　**♪げんきだして　いこう　おいしい　くさたべに**

♪げんきだして　いこう　トロルは　こわいけど

——トロル、「ばけものトロルの歌」を歌いながら、力強く踏み鳴らすような足取りで登場。Bラインに整列。

トロル　**♪ばけものトロル　おいらだぞ**

トロル　**だれだだれだ、おいらの橋をわたるのは！**

中ヤギ　**ぼくだよぼくだよ。中くらいのヤギさ。**

トロル　**パクリと食べちゃうぞ。**

中ヤギ　**後から大きいのが来るから食べないで。**

トロル　**それじゃ、さっさと行っちまえー。**

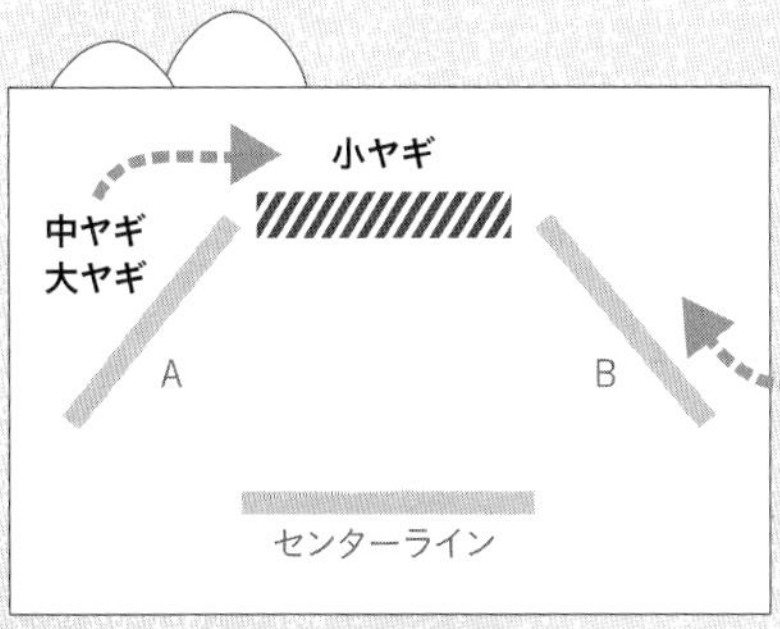

小ヤギの動き

Aラインから橋に移動する。

トロルの動き

Bラインに整列する。

中ヤギ ● **さようならー。**

——中ヤギ、退場。トロル、「ばけものトロルの歌」に合わせ、力強く踏み鳴らすような足取りで退場。

大ヤギ ● **♪げんきだして　いこう　おいしい　くさたべに**
♪げんきだして　いこう　トロルは　こわいけど

——大ヤギ、「ヤギの行進曲4」を歌いながら、橋の上に並ぶ。

——トロル、「ばけものトロルの歌」を歌いながら、力強く踏み鳴らすような足取りで登場。Bラインに整列。

トロル ● **♪ばけものトロル　おいらだぞ**

トロル ● **だれだだれだ、おいらの橋をわたるのは！**

大ヤギ ● **ぼくだよぼくだよ。大きいヤギさ。**

トロル ● **パクリと食べちゃうぞ。**

大ヤギ ● **ぼくは強いぞ。負けないぞ。**

——大ヤギとトロル、ステージ中央でそれぞれ2人組になる。「戦いの曲」に合わせて交互に押したり引いたりし、最後はトロルがしりもちをつく。

——全員登場し、オープニングと同じ位置に整列。「おしまいの歌」を歌う。

全員 ● **♪こわいトロルを　おいはらい**
さんびきのヤギは　げんきよく
はしをわたって　いきました
♪かわをわたると　たくさんの
おいしいくさが　ありました
たべてまるまる　ふとったよ
おはなし　これで　おしまい

（おしまい）

♪おはなし　これでおしまい♪

エイ
ヤー

「3匹のヤギ」楽譜集

はじまりの歌

［トラックナンバー 68］

C　C sus4　C　G
1. むかし　むかし　さんびきの
2. だけど　やまの　てまえには
C　C sus4　C　G
ヤギが　おなかを　すかして　た　こわい　トロル
トロル　すんでる　かわがあ　る　どうして　はしを
C　F　C　G7　C
いるけれ　ど　くさを　さがしに　でかけま　す
わたろう　か　ちえと　ゆうきで　すすみま　す

ヤギの行進曲1

［トラックナンバー 69］

C　G7　C　C　G7　C
1.2.げ　んきだして　いこう
おいーし　い
トロール　は
くさたべに
こわいけど

ヤギの行進曲2

［トラックナンバー 70］

「ヤギの行進曲１」の音程で歌う

8va
(1オクターブ高く弾く)
C　G　C　C　G　C
mp位でやや弱々と
1.2.げ　んきだして　いこう
おいーし　い
トロール　は
くさたべに
こわいけど
8va
(1オクターブ高く弾く)

ばけものトロルの歌

[トラックナンバー71]

ヤギの行進曲3

「ヤギの行進曲1」の音程で歌う

[トラックナンバー72]

ヤギの行進曲4

[トラックナンバー73]

戦いの曲

[トラックナンバー74]

おしまいの歌

［トラックナンバー 75］

COLUMN ④

「役決めのポイント」

人気の役に人数が偏ったり、役に不満がでないようにしましょう。そのためには、

1. ひとつひとつの役柄に興味がもてるように、その特徴やおもしろい点を子どもたちに伝えましょう。
2. 配役の人数は何人くらいにしたいか、保育者の考えを子どもたちに先に伝えておきます。
3. 主役も脇役も多数のチームで平均的に割り振り、主役だけが目だちすぎないように配慮しましょう。
4. 舞台上で主役が活躍する場面が多い場合は、前半後半で主役チームを交替してもよいでしょう。
5. 役柄の決定は、子どものやる気をそがないように、できる限り子どもの意思を尊重します。

4~5
歳児向き

ブレーメンの音楽隊

飼い主に捨てられたロバ、イヌ、ネコ、ニワトリ。音楽隊に入ろうと、みんなでブレーメンを目指します。

登場人物と衣装

●ロバ（5人～）

お面帽子（水色）
大きな三角耳
チュニック（水色）

●イヌ（5人～）

（茶）
折れ耳
（茶）

●ネコ（5人～）

（黄）
小さな三角耳
（黄）

●ニワトリ（5人～）

とさか
（白）
（白）

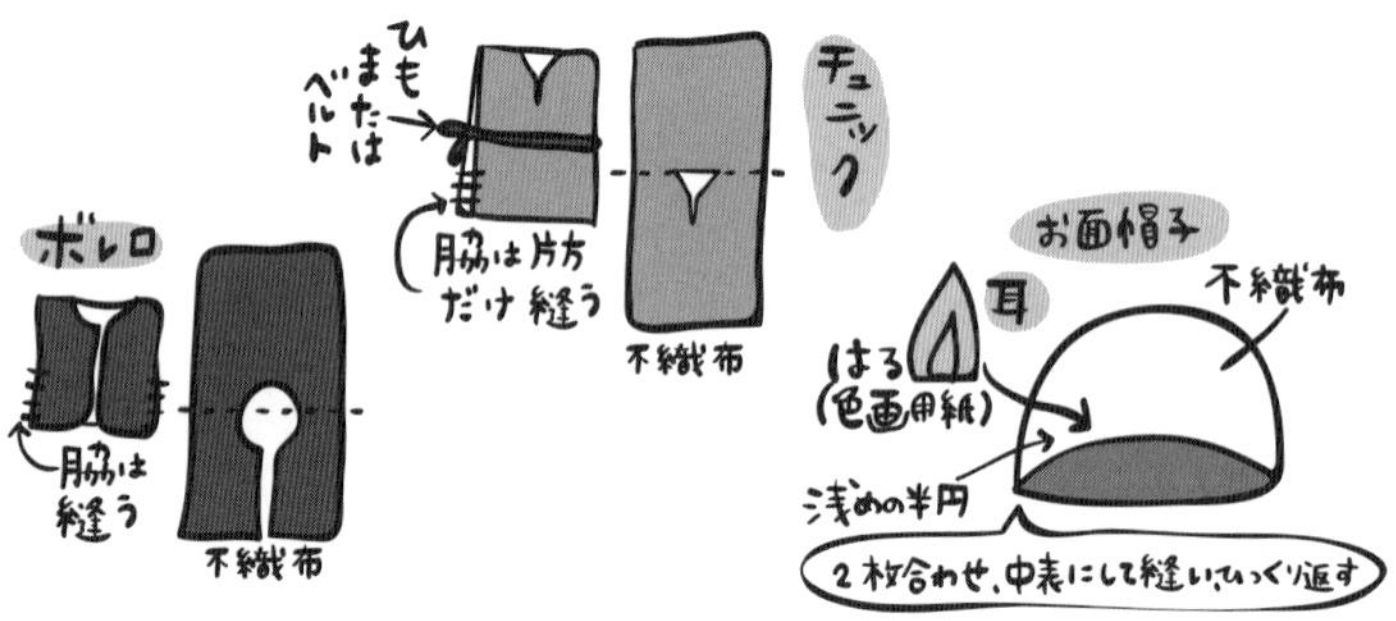
チュニック
ひもまたはベルト
脇は片方だけ縫う
不織布
ボレロ
脇は縫う
不織布
お面帽子
耳
不織布
はる（色画用紙）
浅めの半円
2枚合わせ、中表にして縫い、ひっくり返す

●どろぼう（5人～）

バンダナ
ボレロ（黒）
ズボン（黒）

●ピアノ担当（保育者）

＊参加人数や状況に合わせ、せりふは順番に１人ずつ言う、２～３人ずつで言うなど調整してください。

小道具

●金貨入りの袋

ひもで結ぶ
ドルマークをかく
紙袋など

●酒びん

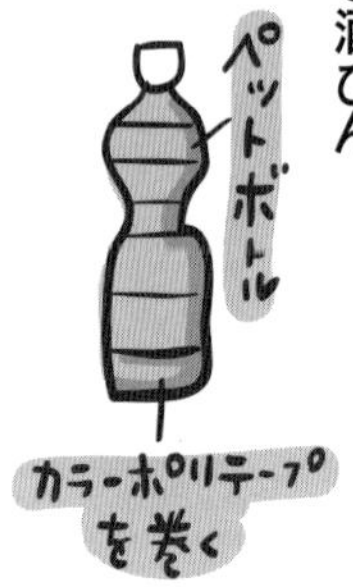
ペットボトル
カラーポリテープを巻く

●骨つき肉

ラップのしん
着色する
くしゃくしゃにした新聞紙

●いす（どろぼうの人数分）

舞台設定

子どもが動きやすいように、立ち位置を示すカラーテープなどをはっておく。

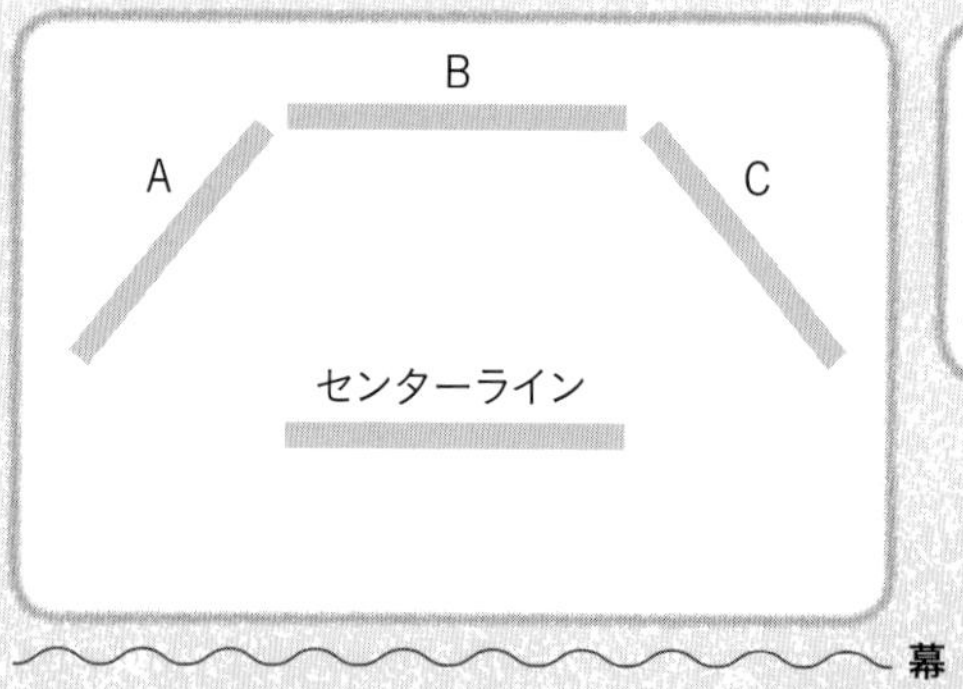
B
A
C
センターライン
幕

楽譜は86～89ページにあります。

シナリオ

全員

——全員、登場。ロバ、イヌ全員、前列に体操座り。ネコ、ニワトリ全員、中列に立てひざ。どろぼう全員、後列に立ち、腕を組んで並ぶ。全員で「はじまりの歌」を元気に歌う。

♪むかしむかし　そのむかし　ロバとイヌネコ　ニワトリが
ちからを　あわせて　しあわせさがしに　でかけます
♪ちえをしぼって　かんがえて　ロバとイヌネコ　ニワトリが
どろぼう　おいだす　おはなしそれでは　はじめましょう

——歌が終わったら、イヌとニワトリ、ネコとロバ、最後にどろぼうの順に退場。

——ロバ全員、一列に並び「お払い箱になっちゃった」一番を歌い、手拍子を打ちながら登場。

ロバ全員

♪やくにたたぬと　おいだされ　としよりロバが　ブヒヒンヒン
かなしいこころを　かくしつつ　ブレーメンを　めざします

——ロバ全員、センターラインに整列し、「お払い箱になっちゃった」一番を歌い踊る。
（イヌ、ネコ、ニワトリも同様。）

踊りかた

❶前奏

リズムに合わせて足踏み。

❷♪やくにたたぬと

右手、左手の順に胸の前でクロスする。

❸♪おいだされ

❷のまま、体を左右に振る。

❹♪としより〜ブヒヒンヒン

左手を腰に当て、右手右足を横に出す。次に反対の動作。

❺♪かなしい〜かくしつつ

その場で足踏みをしながら、両手をキラキラさせる。

❻♪ブレーメンを めざします

右手ひとさし指を立て、指さししながら後ろに下がる。

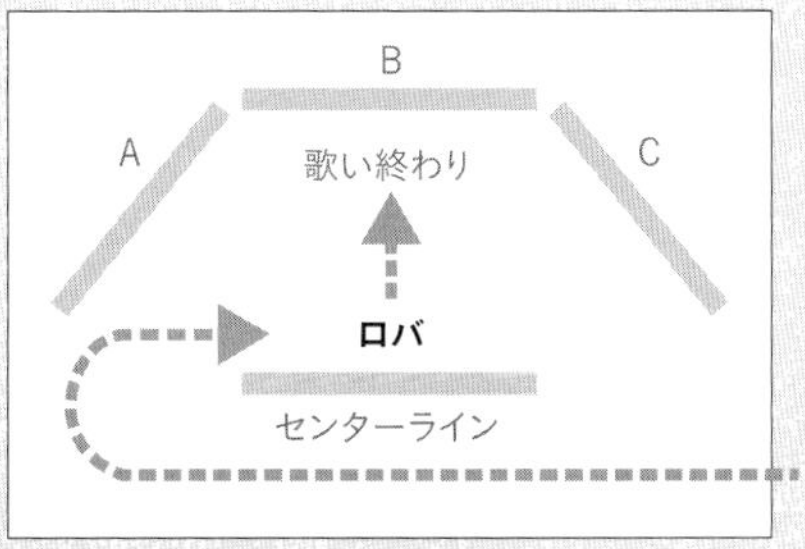

ロバの動き

センターラインで歌い踊る。
「♪ブレーメンを めざします」で後ろに下がる。

――歌と踊りが終わったら、1人ずつせりふを言う。

ロバ❶　**なんてこった。なんてこった！**
――ほおづえのポーズで、1歩前に出る。

ロバ❷　**年をとったというだけで、**
――腕組のポーズで、1歩前に出る。

ロバ❸　**働き者のこのぼくを、**
――手のひらをグーでぽんと打ちながら、1歩前に出る。

ロバ❹　**追い出すなんてあんまりだ。**
――入退場口を指さして、1歩前に出る。

ロバ❺　**そうだそうだ。ブレーメンに行こう。**
――両手を前にパッと開いて（2回繰り返す）、1歩前に出る。

――ロバ全員、「目指せブレーメン行進曲」を歌いながら、元気に手を振って歩き、Aラインに移動。座って待つ。

ロバ全員　**♪ブレーメンに　いこう　おんがくたいに　はいろう**
だいすきな　うたを　うたってたのしく　くらそう

――イヌ全員、1列に並び「お払い箱になっちゃった」2番を歌い、手拍子を打ちながら登場。

イヌ全員　**♪やくにたたぬと　おいだされ　としよりイヌが　ワンワンワン**
かなしいこころを　かくしつつ　ブレーメンを　めざします

――イヌ全員、センターラインに整列し、「お払い箱になっちゃった」2番を歌い踊る。

イヌ全員　**♪やくにたたぬと　おいだされ　としよりイヌが　ワンワンワン**
かなしいこころを　かくしつつ　ブレーメンを　めざします

――歌と踊りが終わったら、1人ずつせりふを言う。

イヌ❶　**なんてこった。なんてこった！**
――ほおづえのポーズで、1歩前に出る。

イヌ❷　**年をとったというだけで、**
――腕組のポーズで、1歩前に出る。

なんてこった
なんてこった
年をとったというだけで
働き者のこのぼくを
追い出すなんてあんまりだ
そうだそうだブレーメンに行こう

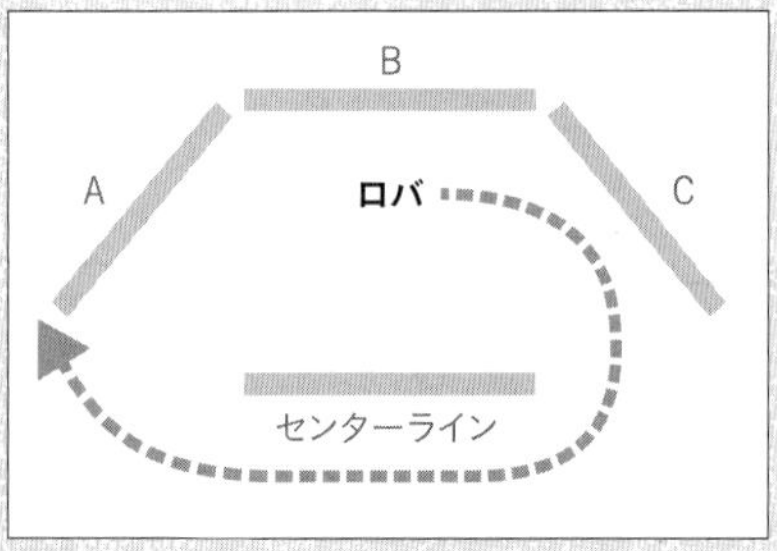
B
A
C
ロバ
センターライン

ロバの動き

1歩前に出てせりふを言う。
全員、言い終わったらAラインに移動する。

イヌ❸　**働き者のこのぼくを、**

――手のひらをグーでぽんと打ちながら、1歩前に出る。

イヌ❹　**追い出すなんてあんまりだ。**

――入退場口を指さして、1歩前に出る。

イヌ❺　**そうだそうだ。ブレーメンに行こう。**

――両手を前にパッと開いて（2回繰り返す）、1歩前に出る。

イヌ全員　**♪ブレーメンに　いこう　おんがくたいに　はいろう**
だいすきな　うたを　うたってたのしく　くらそう

――イヌ全員、「目指せブレーメン行進曲」を歌いながら、元気に手を振って歩き、Bラインに移動。座って待つ。

――ロバ全員、立ち上がり、両手を腰に当てる。

ロバ全員　**おやおや、ぼくとおんなじ。追い出されたんだね。**

――イヌ全員、立ち上がり、片手を腰に、片手を指さししながら、

イヌ全員　**そうそう、そのとおりさ。ロバくんもかい？**

――ロバ、イヌ全員、「目指せブレーメン行進曲」を、その場で足踏み行進しながら歌う。歌が終わったら、その場に座って待つ。

ロバ・イヌ全員　**♪ブレーメンに　いこう　おんがくたいに　はいろう**
だいすきな　うたを　うたってたのしく　くらそう

――ネコ全員、1列に並び「お払い箱になっちゃった」3番を歌い、手拍子を打ちながら登場。

ネコ全員　**♪やくにたたぬと　おいだされ　としよりネコが　ニャンニャンニャン**
かなしいこころを　かくしつつ　ブレーメンを　めざします

――ネコ全員、センターラインに整列し、「お払い箱になっちゃった」3番を歌い踊る。

ネコ全員　**♪やくにたたぬと　おいだされ　としよりネコが　ニャンニャンニャン**
かなしいこころを　かくしつつ　ブレーメンを　めざします

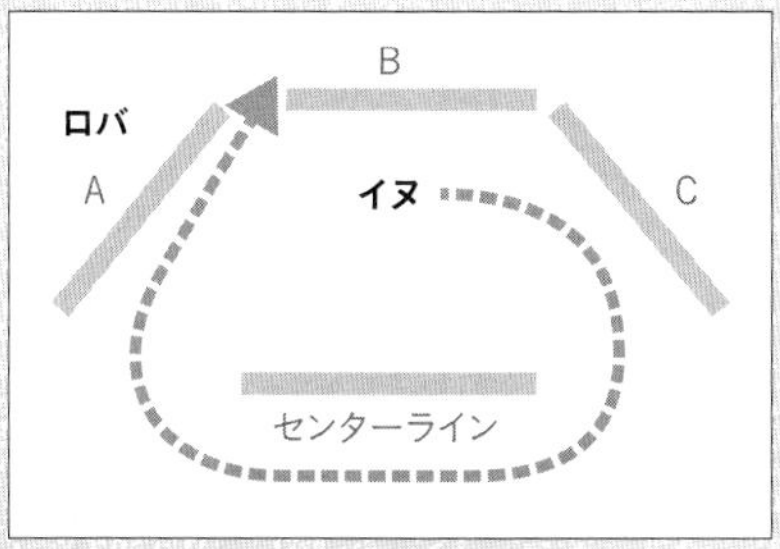

B
ロバ
A
イヌ
C
センターライン

イヌの動き

1歩前に出てせりふを言う。
全員、言い終わったらBラインに移動する。

なんてこった　なんてこった
年をとったと　いうだけで
働き者の　このぼくを
追い出すなんて　あんまりだ
そうだそうだ　ブレーメンに　行こう

――歌と踊りが終わったら、1人ずつせりふを言う。

ネコ❶　**なんてこった。なんてこった！**

――ほおづえのポーズで、1歩前に出る。

ネコ❷　**年をとったというだけで、**

――腕組のポーズで、1歩前に出る。

ネコ❸　**働き者のこのわたし、**

――手のひらをグーでぽんと打ちながら、1歩前に出る。

ネコ❹　**追い出すなんてあんまりだ。**

――入退場口を指さして、1歩前に出る。

ネコ❺　**そうだそうだ。ブレーメンに行こう。**

――両手を前にパッと開いて（2回繰り返す）、1歩前に出る。

――ネコ全員、「目指せブレーメン行進曲」を歌いながら、元気に手を振って歩き、Cラインに移動。座って待つ。

ネコ全員　**♪ブレーメンに　いこう　おんがくたいに　はいろう**
だいすきな　うたを　うたってたのしく　くらそう

――ロバ全員、立ち上がり、両手を腰に当てる。

ロバ全員　**おやおや、ぼくとおんなじ。追い出されたんだね。**

――ネコ全員、立ち上がり、片手を腰に、片手を指さししながら、

ネコ全員　**そうそう、そのとおりよ。ロバくんもなの？**

――イヌ全員、立ち上がる。ロバ、イヌ、ネコ全員で「目指せブレーメン行進曲」を、その場で足踏み行進しながら歌う。歌が終わったら、その場に座って待つ。

ロバ・イヌ・ネコ全員　**♪ブレーメンに　いこう　おんがくたいに　はいろう**
だいすきな　うたを　うたってたのしく　くらそう

――ニワトリ全員、1列に並び「お払い箱になっちゃった」4番を歌い、手拍子を打ちながら登場。

ニワトリ全員　**♪やくにたたない　ニワトリは　スープのなかに　いれちゃうぞ**
おうちをとびだし　にげたけど　とほうにくれてる　こまってる

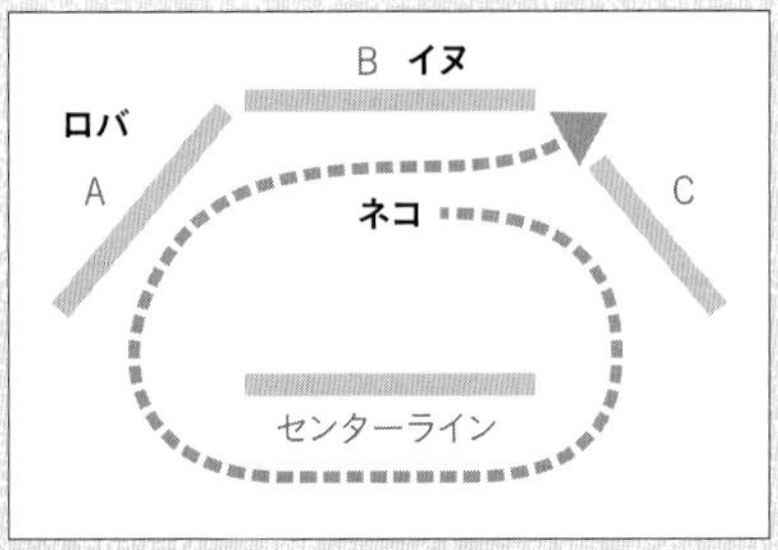

B イヌ
ロバ
A
C
ネコ
センターライン

ネコの動き

1歩前に出てせりふを言う。
全員、言い終わったらCラインに移動する。

なんてこった なんてこった
年をとったというだけで
働き者のこのわたし
追い出すなんてあんまりだ
そうだそうだ ブレーメンに 行こう

ニワトリ全員　——ニワトリ全員、センターラインに整列し、「お払い箱になっちゃった」4番を歌い踊る。

♪やくにたたない　ニワトリは　スープのなかに　いれちゃうぞ
おうちをとびだし　にげたけど　とほうにくれてる　こまってる

——歌と踊りが終わったら、1人ずつせりふを言う。

ニワトリ❶　**なんてこった。なんてこった！**
——ほおづえのポーズで、1歩前に出る。

ニワトリ❷　**年をとったというだけで、**
——腕組のポーズで、1歩前に出る。

ニワトリ❸　**働き者のこのぼくを、**
——手のひらをグーでぽんと打ちながら、1歩前に出る。

ニワトリ❹　**追い出すなんてあんまりだ。**
——入退場口を指さして、1歩前に出る。

ニワトリ❺　**そうだそうだ。ブレーメンに行こう。**
——両手を前にパッと開いて（2回繰り返す）、1歩前に出る。

——ニワトリ全員、「目指せブレーメン行進曲」を歌いながら、元気に手を振って歩き、歌い終わりの位置からセンターラインまで進む。

ニワトリ全員　**♪ブレーメンに　いこう　おんがくたいに　はいろう**
だいすきな　うたを　うたってたのしく　くらそう

——ロバ全員、立ち上がり、両手を腰に当てる。

ロバ全員　**おやおや、ぼくとおんなじ。追い出されたんだね。**
——ニワトリ全員、片手を腰に、片手を指さししながら、

ニワトリ全員　**そうそう、そのとおりさ。ロバくんもかい？**
——イヌ、ネコ全員、立ち上がる。ロバ、イヌ、ネコ全員で「目指せブレーメン行進曲」を、その場で足踏み行進しながら歌う。

ロバ・イヌ・ネコ・ニワトリ全員　**♪ブレーメンに　いこう　おんがくたいに　はいろう**
だいすきな　うたを　うたってたのしく　くらそう

——歌が終わったら、全員退場。幕を閉じ、いすを並べる。

なんてこった
なんてこった
年をとったと
いうだけで
働き者の
このぼくを
追い出すなんて
あんまりだ
そうだそうだ
ブレーメンに
行こう

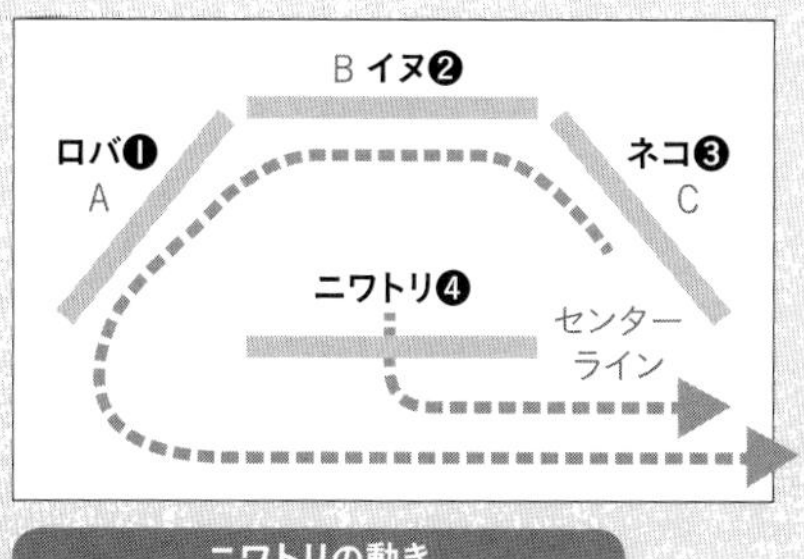

B イヌ❷
ロバ❶
A
ネコ❸
C
ニワトリ❹
センター
ライン

ニワトリの動き

1歩前に出てせりふを言う。
言い終わったらセンターラインに移動する。

ロバ・イヌ・ネコ・ニワトリの動き（退場）

歌が終わったら、❶〜❹の順に舞台最前列を通って退場する。

どろぼう全員

――幕を開ける。

――どろぼう全員、酒びんや骨つき肉、金貨入りの袋などを持ち、「どろぼうの歌」を歌いながら一列になって登場。

♪おいらどろぼう　ウッシッシ　あばれものだよ　ウッシッシ
なんでもかんでも　ぬすんじゃう　ぬすんだもので
パーティーパーティー　おおさわぎ　ウシシウシシ
ウシシウシシ　おいらどろぼう　あばれもの

――どろぼう全員、センターラインに整列し、「どろぼうの歌」を歌い踊る。

踊りかた

❶前奏
リズムに合わせて足踏み。
❷♪おいらどろぼう
右手、左手の順に上げる。
❸♪ウッシッシ
両手でガッツポーズをし、2回上げ下げする。
❹♪あばれもの～ウッシッシ
❷❸と同じ動作。
❺♪なんでも～ぬすんじゃう
両手をかき込むように動かし、右回り。
❻♪ぬすんだ～パーティー
❺と同じ動作を左回りで行う。
❼♪おおさわぎ
その場で2回ジャンプ。
❽♪ウシシ～ウシシ
ガッツポーズを4回繰り返す。
❾♪おいら～あばれもの
右手、左手の順に上げ、2回ジャンプ。

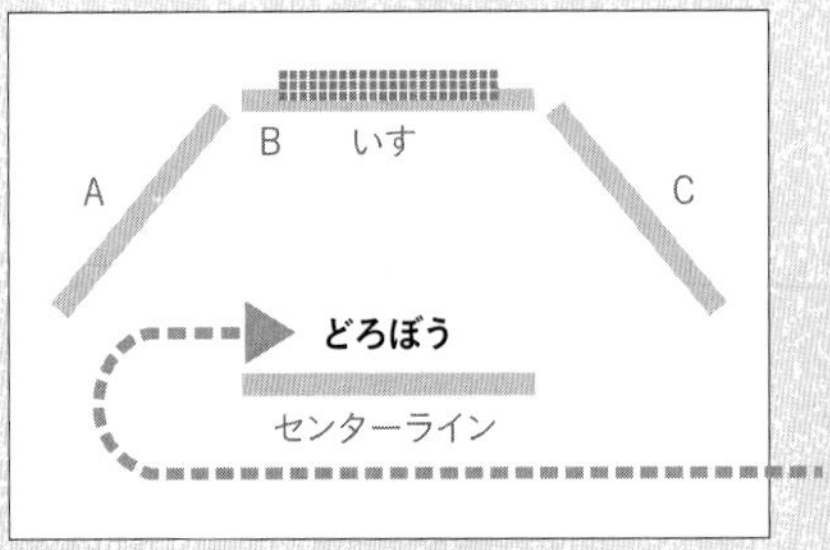
B　いす
A
C
どろぼう
センターライン

どろぼうの動き

センターラインに整列する。

♪おいらどろぼう
ウッシッシ♪

どろぼう❶ ● おいらは○○どろぼうさ。

――どろぼう全員、1人ずつ名まえを言う。

どろぼう❷ ● わたしは□□どろぼうよ。（どろぼう❸～❺も同様）

どろぼう全員 ● ウッシッシー、ウッシッシー。今日もたくさん盗んだぞ。どんちゃん騒ぎだ。パーティーだ！

――どろぼう全員、後方のいすに移動して座る。酒びんや骨つき肉、金貨入りの袋などを持って、いすに座ったまま両手を左右に振りながら、「どろぼう稼業の歌」を歌う。

どろぼう全員 ● ♪おさけにおにく　おかねにほうせき
ぬすんだもので　たのしくパーティー
どろぼうかぎょうは　たのしいかぎょう　（オゥ）

――幕を閉める。ロバ、イヌ、ネコ、ニワトリ全員、「ぬき足さし足しのび足」に合わせ、幕前に登場。

ロバ全員 ● なんだかとってもにぎやかだ。

イヌ全員 ● いったいだれの家だろう。

ネコ全員 ● ちょっとのぞいてみましょうか？

ニワトリ全員 ● そーっと、そっと、静かにね。

♪
おさけにおにく
おかねにほうせき
ぬすんだもので　たのしくパーティー
どーろぼーうかぎょうは　たのしいかぎょう
オウ

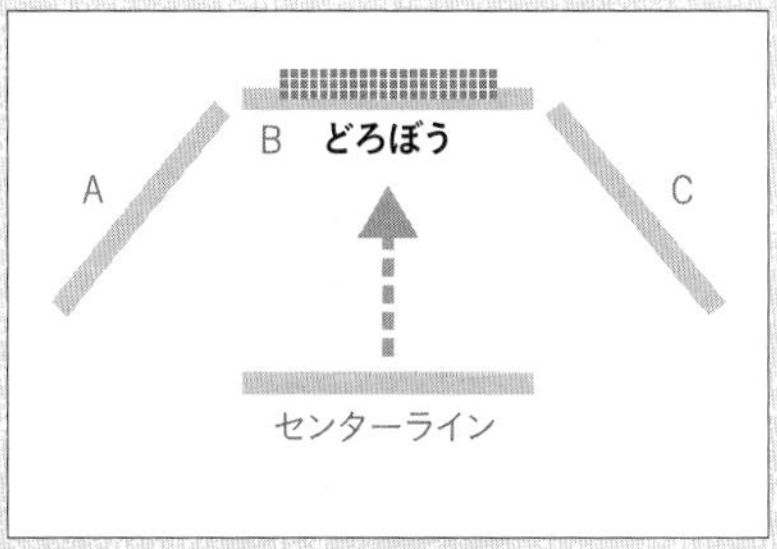
B どろぼう
A
C
センターライン

どろぼうの動き

センターラインからいすに移動する。

——幕を開ける。

ロバ・イヌ・ネコ・ニワトリ全員　——ロバ、イヌ、ネコ、ニワトリ全員で「追い出そう」を歌い踊る。
♪これはびっくり　おどろいた　ここはどろぼうたちのいえ
みんなでどろぼう　おいだそう
こうしてそうして　ああやって

踊りかた

❶前奏

リズムに合わせて足踏み。

❷♪これはびっくり

両手を胸で交差させる。

❸♪おどろいた

両手を上げてばんざいする。

❹♪ここは〜いえ

❷❸と同じ動作。

❺♪みんなで〜おいだそう

ひとさし指を立て、リズムに合わせて指さしをする。

❻♪こうして〜ああやって

両手を口元に当てる。

——続いて「さけび声」を上げながら、ウエーブのように動く。
ロバ全員、ばんざいをする。

ロバ全員　**♪ブヒヒンヒン　ブヒヒンヒン**

——イヌ全員、ばんざいをする。

イヌ全員　**♪ワンワンワン　ワンワンワン**

——ネコ全員、ばんざいをする。

ネコ全員　**♪ニャンニャンニャン　ニャンニャンニャン**

——ニワトリ全員、ばんざいをする。

ニワトリ全員　**♪コケコッコー　コケコッコー**

——全員、大騒ぎし、ウエーブのように動く。歌が終わったら、その場に座る。

ロバ・イヌ・ネコ・ニワトリ全員　**♪ワーワーワー**
ギャーギャーギャー
ダンダンダン
ドンドンドン

——どろぼう全員、いすから立ち上がり、「ぬき足さし足しのび足」に合わせて前進。「おばけが出た」を歌いながら、ステージを1周していったん退場。

どろぼう全員　**♪おばけがでた　ばけものでた**
タタタタタター　たいへんだ

——どろぼう全員、再び登場。

——ロバ、イヌ、ネコ、ニワトリ、どろぼう全員、オープニングと同じ位置に並び、「おしまいの歌」を歌う。

全員　**♪としをとった　ロバとイヌ**
ネコとニワトリ　ちからをあわせ
どろぼう　おいだし　ここにくらした
♪わらいごえが　いつもある
たのしいうたごえ　いつもきこえる
なかよし　よんひき　ここにくらした
ブレーメンの　おはなしは　これでおしまい

（おしまい）

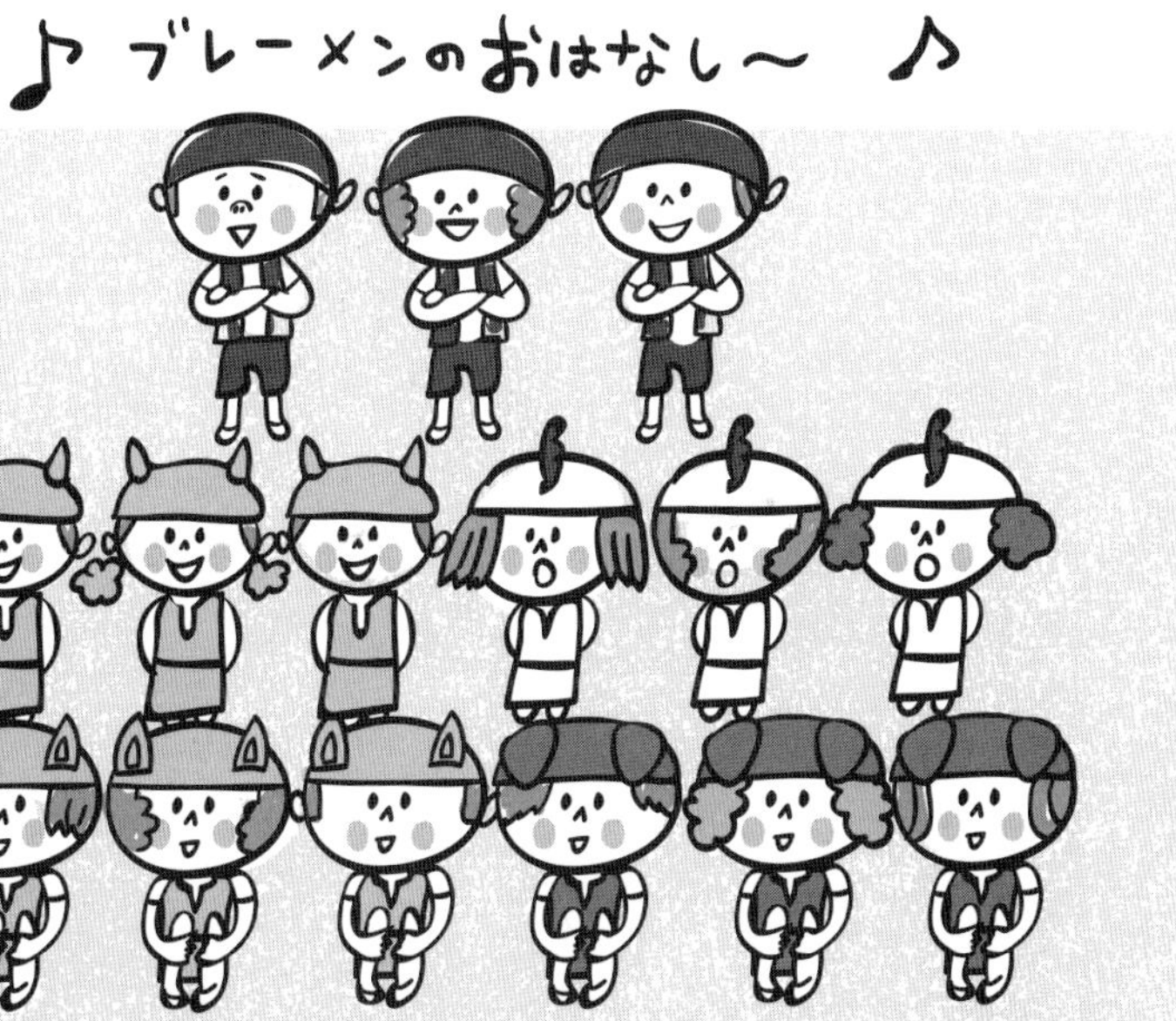

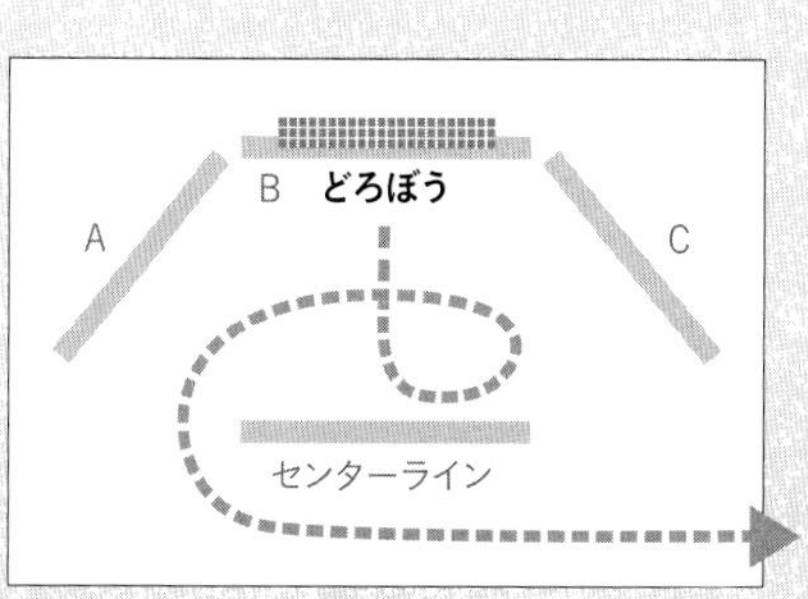

どろぼうの動き

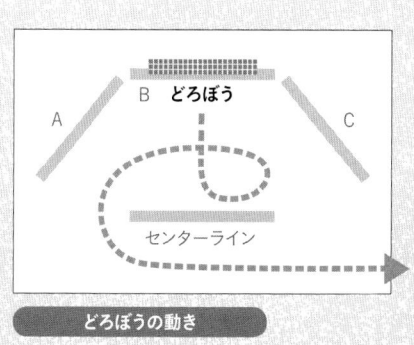

ステージを1周して退場する。

「ブレーメンの音楽隊」楽譜集

はじまりの歌

［トラックナンバー 76］

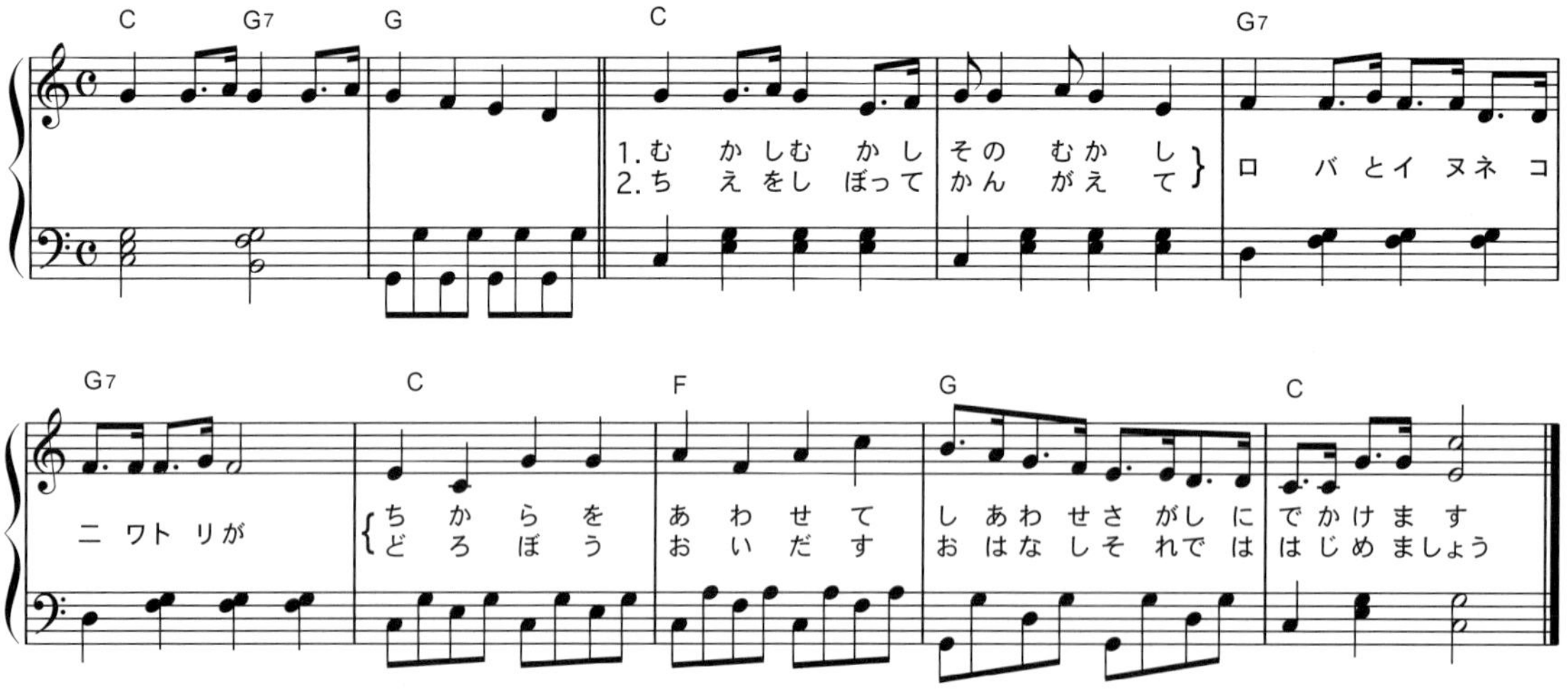
C G7 G C G7
1.む かしむ かし その むか し ロ バ とイ ヌネ コ
2.ち えをし ぼって かん がえ て
G7 C F G C
ニ ワト リが
ち か ら を あ わ せ て し あわ せさ がし に で かけ ま す
ど ろ ぼ う お い だ す お はな しそ れで は は じめ ましょう

お払い箱になっちゃった

［トラックナンバー 77］

F B♭ C F F B♭ Am G F
1.～3. や くにたたぬと おいだされ
4. や くにたたない ニワトリは
としよりローバが
としよりイーヌが
としよりネーコが
スープのなーかに
Em F B♭ Am G F C F
ブヒ ヒン ヒン
ワン ワン ワン
ニャンニャンニャン
いれ ちゃう ぞ
かなしいこころを かくしつつ ブ レーメンを めざします
おうちをとびだし にげたけど とほ うにくれてる こまってる

目指せブレーメン行進曲

［トラックナンバー 78］

どろぼうの歌

［トラックナンバー 79］

どろぼう稼業の歌

［トラックナンバー 80］

G7 C C G
おさけ におにく おかね にほ うせ き ぬ すん だもので
G C G7 C
た のし くパー ティー ど ろ ぼ う か ぎょ う は た のし い か ぎょ う (オッ)

ぬき足さし足しのび足

［トラックナンバー 81］

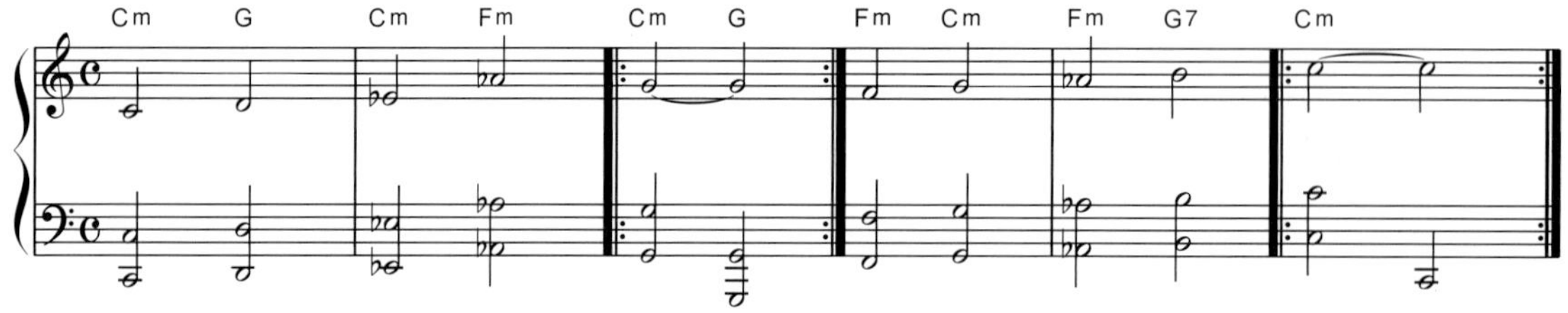
Cm G Cm Fm Cm G Fm Cm Fm G7 Cm

追い出そう

［トラックナンバー 82］

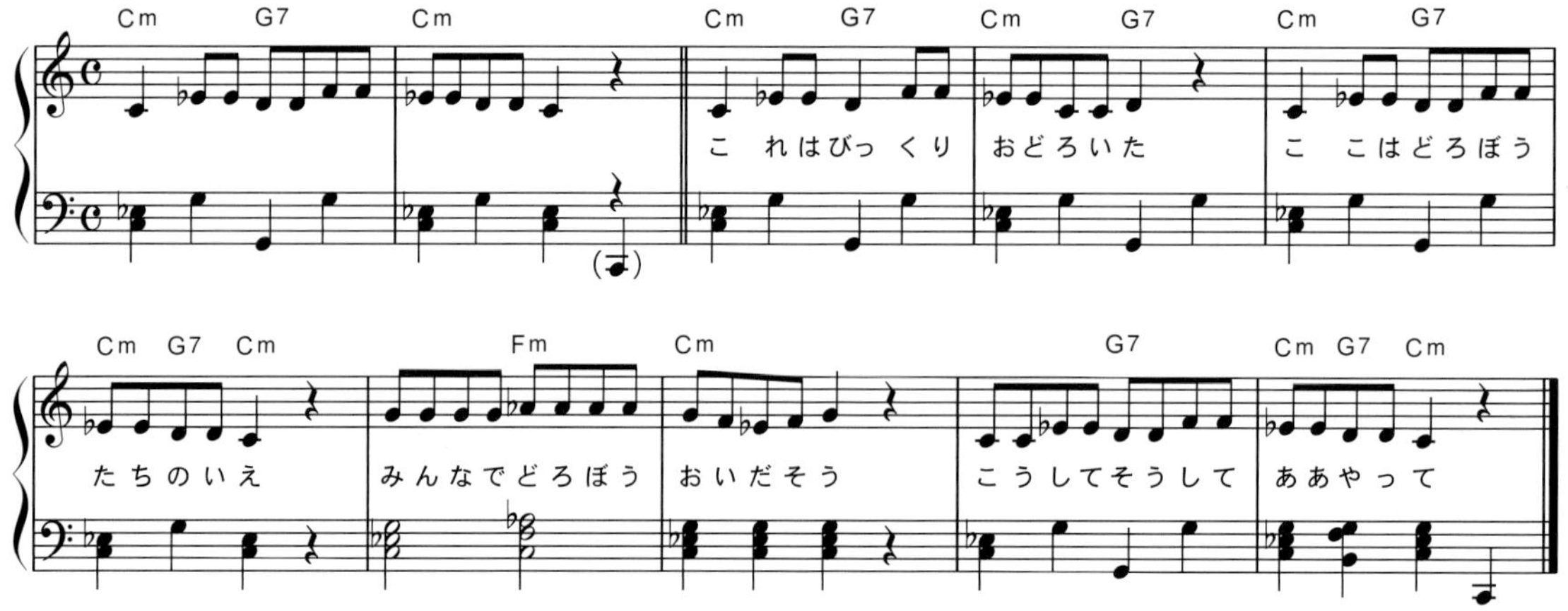
Cm G7 Cm Cm G7 Cm G7 Cm G7
こ れはびっ くり おどろいた こ こはどろぼう
Cm G7 Cm Fm Cm G7 Cm G7 Cm
たちのいえ みんなでどろぼう おいだそう こうしてそうして ああやって

さけび声

[トラックナンバー 83]

おばけが出た

[トラックナンバー 84]

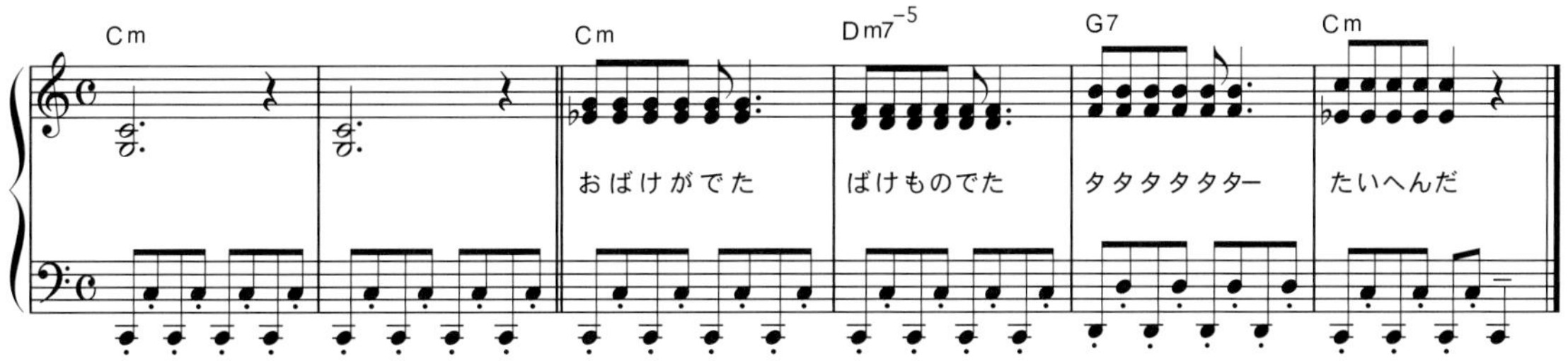

おしまいの歌

[トラックナンバー 85]

子どもの発達に合わせた
発表会ADVICE

**演目を考えるとき、子どもたちの発達を意識して考えてみましょう。
年齢ごとに、そのポイントを紹介します。**

0歳児

「みんなと一緒に同じレベルで表現して発表」というよりは、ひとりひとりの成長の姿を見てもらうことを中心に考え、今の成長のなかでできることを自然な姿で見せられるとよいですね。

保育者とともに表現している、参加している、あそんでいる…みんなと一緒にいる日常の姿に近い形を心がけましょう。
お座りの子には、お座りで頭や手を振ったりするところや、はいはいの子には、はいはいをする場面などと、「今」の姿を取り入れた歌あそびや表現あそびをオリジナルで作ってもよいでしょう。ナレーションや音楽を上手に子どもに合わせて、子どもたちをバックアップしていきましょう。

首がすわり、お座りやつかまり立ちができるようになり、イヤイヤを覚えたり、バイバイをしたり…、また、表情もとても豊かに笑顔もたくさん見られるようになったなど日々成長していることを、演じる前に、具体的にぜひ伝えたいものですね。

何もかも初体験なので、びっくりして泣いてしまう子もいるかもしれませんが、保護者には、温かい目で応援してほしいこともしっかり伝えましょう。

1～2歳児

この時期、まだまだ人前で別の登場人物などになりきって演じるのは難しいものです。お気に入りの歌あそびや手あそびなど、日々の活動でやっているものをアレンジして、ストーリー仕立てにしてみるのもよいし、また、オリジナルですっきりした簡単なメロディーで歌あそびや手あそび風に作って進めていくのもよいでしょう。日常からあまりかけ離れないように心がけて作っていきましょう。

せりふとしてしゃべる言葉は単語であったり擬音語、擬声語であったり、普段発している言葉で無理なく言えるものを選び、ほかはナレーション（保育者）で補うなど、子どもに負担をかけないようにしたいものです。

＊この本では、せりふを言わないで演じられる「アクトリズム」を紹介しています。

動きは、その年齢や時期によって大きな差がありますので、普段の子どもたちの行動やしぐさを観察して、好きな動きやよくしているしぐさ、歌あそびや手あそびなど、普段している動きを取り入れてみましょう。

きっちりとそろった動きにならなくても、音楽の力を借りて皆一緒にリズミカルに楽しく動いていることを大切にしましょう。

発表会の前には、ほかのクラスの子どもたちと交流して「見せっこ」をしておくと、雰囲気に慣れてくるでしょう。1、2歳児の見せっこは合同保育のような形です。合同保育はほかのクラスと一緒になることで子どもの人数も増えますが、保育者の数も増え、お互いにフォローやサポートがしやすくなり目や手が届くので、楽しさも増して「なんだか楽しい」という雰囲気を作れます。

当日は緊張して固まってしまったり、泣いてしまったりすることがあるのも自然な姿です。保育者は慌てずに、そっとそばに付き添ったり、少しスキンシップやボディタッチをしたりして、様子をみましょう。無理やり泣きやませようとしたり、すぐに退席させるのではなく、その場の状況に合わせてナレーター（保育者）がフォローの言葉をかけましょう。付き添いの保育者が、「涙が出ちゃったね。もう少しね」「がんばっているもんね」など、現状の姿の受け入れと励ましの言葉をかけてみましょう。

3歳児

このくらいの年齢になると、絵本の登場人物のお気に入りの一部分を真似たり、「ごっこあそび」としてなりきって演じることを楽しめるようになってきます。普段からお気に入りのストーリーを何点か見つけておいて、発表会につなげていくとよいですね。

3 歳児が集中できる時間はそんなに長くはありません。ストーリーは凝《こ》りすぎずに、あらすじに近い流れにまとめ、リズミカルにテンポよく進んでいけるよう工夫します。すべて言葉と動きだけで進めるよりは、ところどころに効果音や歌などを取り入れると、間がのびません。
長いせりふや表現、動きはなるべく避けて、今できるところの表現を中心にし、「できた」「できるんだ」という充実感を大切にします。子どもたちが大好きな部分に時間をかけ、その部分の演出に華やかさを加えるとよいでしょう。

本番前に、普段のクラス以外の友達や保育者と見せっこするような機会があると、よりよいですね。ひとりひとりのよいところや光るところをたくさん褒めてもらえたり認めてもらえたりする場があると、喜びや楽しさを感じたり、意欲や自信につながります。発表の場の雰囲気にも慣れていくことができます。

4～5歳児

見られることの喜びや楽しさを理解できるようになってきます。チャレンジすることの意欲も高くなってきます。子どもの意見やアイディアを取り入れながら、今ある表現力よりもほんの少し背伸びをすると、向上心をくすぐり、がんばる姿も出てきます。
大いに褒めながら、保育者が子どもたちと同じ目線に立ってかかわっていくようにすると、子どもたちのやる気アップにもつながり、仲間とともに、自分たちで作りあげたんだという満足感も得られるでしょう。

一方で、見られることへの照れくささや恥ずかしさ、失敗したくない、褒められたいといった思いから、反対にがんばれないという姿が見られることもあります。常にひとりひとりのよいところを認めながら、練習していきましょう。

また、上手に演じつつも客観的に他者との違いを比較して考えたりすることができるようにもなってきます。
ひとりひとりに個性があるように、表現の仕方もいろいろあることを伝えて、自信をもって演じることができるように配慮していきましょう。

発表会で困った！Q&A

**保育者のかたからよくあがる「困った！」について、お答えします。
子どもたちと楽しく取り組むためのヒントにしてください。**

Q1 複数担任で指導法が違っています。

発表会を通して、「何を学び、育てたいのか」を、保育者同士でよく話し合いましょう。その機会がない場合、子どもたちへの導入の際、「こんなふうにやりたいと思っています」と、身振り手振りを交え、子どもたちに伝えながら、間接的に相手の保育者に伝わるようにしてみてはどうでしょうか。

Q2 集中して取り組めるようにするには？

特に年齢が大きくなると、自分の好きなことだけをしていたいからふざけてしまう、といったことも。「困った子」と見るのではなく、「今日の練習は～です。○○くん、□□ちゃんに大活躍してほしいところです」などと、先回りの褒め言葉が有効なこともあります。

幼児の集中力はそう長く続きません。4、5歳児くらいでは、「導入・練習・まとめ」を50分前後を目安に考えるとよいでしょう。そのなかで、子どもたちが見通しをもって活動に取り組めるように流れを知らせておきましょう。

Q3 子どもの役や担当に、保護者が納得していません。

「脇役がいなければ主役もないこと」「それぞれが主役ということ」「みんなで話し合って決めたこと」「子どもたちは少しずつ、心を合わせられるようになってきていること」などを、保護者に知らせましょう。個人的に言いにくい場合は、クラス便りなどで、日々取り組んでいる様子を紹介しながら伝えていくといいですね。

Q4 引っ込み思案で目立たない子がいます。

普段の保育のなかでも元気いっぱい、積極的で目立ちやすい子と、物静かで控えめな子と、個性はさまざまです。元気いっぱいの表現力の子に圧倒されてしまう子がいるかもしれません。子どもたちには、普段からいろいろな表現があってよいことを知らせていきましょう。保育のなかで、大きい声、小さい声、高い声、低い声、ゆっくり、早くなど違うように、いろいろでいいことを気づいていけるように話し合ったり認め合ったり、たくさん言葉かけをして自信がもてるようにしていきましょう。

Q5 練習を嫌がって参加しない子がいます。

まず、「練習」がただの練習になってしまっていないか、子どもたちが本当に楽しんでやっているかどうか、活動のありかたを考えてみる必要があります。

興味・関心が薄く、乗り気になれないなどで、場の雰囲気がうまくまとまらないときは、乗り気でない子どもたちの意見を多く聞いてみたり、取り入れたりなど、目がこちらに向くように工夫してみましょう。また、年齢が大きければ、ほかのクラスとの交流を増やして、ほかのクラスの保育者や子どもたちからの励ましやアドバイスをもらうことも、よい刺激になります。

Q6 子どもが自ら進んでやるようにするには…

保育者から一方的に教え込むのではなく、細かい点に目を向け、「ここの部分はこんなふうにしてみたらどうかな？」などのたたき台を提示して、子どもたちからアイディアを募ってみましょう。4、5歳児なら、ミニミーティングをこまめに設けながら進めていくといいでしょう。

Q7 もじもじして、せりふが言えない子がいます。

恥ずかしがり屋さんも、きっと安心できるところでは自然な会話をしているのではないでしょうか。

大好きな家族や仲よしの友達に、せりふを言ってみようなどとアドバイスしてみましょう。

個人差はありますが、せりふだけではなかなか出にくくても、大きな身振りや手振りなどを加えると、声が出やすいということもあります。

また、1人でせりふを言うのは重荷でも、友達と手をつないで言ってみる、2人組で言ってみるなど、工夫します。自信がついてきたら、1人で言うことにチャレンジするように促してみましょう。

一歩ずつ階段を上るようにチャレンジしていきましょう。

著者PROFILE

河合礼子

作新学院女子短期大学幼児教育科卒業。栃木県宇都宮市で7年間幼稚園教諭を務めた後、出産・育児のため一時休職。その後、代理教諭を務めながら、リトミック研究センター認定資格（上級資格）を取得。保育雑誌「ラポム」における、2004年度第10回「ラポム大賞」で、手作り教材「おはなしハンカチ」が大賞を受賞。

STAFF

デザイン	政成映美
表紙イラスト	たちもとみちこ（colobockle）
本文イラスト	chao　たちもとみちこ（colobockle）　もり谷ゆみ
楽譜版下	石川ゆかり
校閲	草樹社
楽譜校閲	岡田陽子
音楽制作	丹後雅彦（アレンジ・演奏・録音） メールアドレス：tango@ka2.so-net.ne.jp ホームページ：http://www002.upp.so-net.ne.jp/Tango/tangoyu.html

＊この本は、月刊誌「ラポム」2008年8月号特別付録「むかしばなしで発表会」を加筆、再構成したものです。